Staats- und socialwissenschaftliche Forschungen

herausgegeben

von

Gustav Schmoller.

Einundzwanzigster Band. Drittes Heft.

(Der ganzen Reihe siebenundneunzigstes Heft.)

Fritz Kestner, Die deutschen Eisenzölle 1879—1900.

Leipzig,
Verlag von Duncker & Humblot.
1902.

Die
deutschen Eisenzölle
1879—1900.

Von

Fritz Kestner.

Leipzig,
Verlag von Duncker & Humblot.
1902.

Pierer'sche Hofbuchdruckerei Stephan Geibel & Co. in Altenburg.

Dem Andenken meines Vaters

gewidmet.

Inhaltsverzeichnis.

Erster Abschnitt.

Der Zoll auf Roheisen.

Zweiter Abschnitt.

Die Zölle auf Eisenfabrikate und Eisenwaren.

Dritter Abschnitt.

Produktionsbedingungen der Eisenindustrien anderer Länder.

Literaturverzeichnis.

Beck, Die Geschichte des Eisens. (V. Abteilung.) Braunschweig 1901.
Calwer, Handel und Wandel. Berlin 1901.
Gothein, Der deutsche Aufsenhandel. Berlin 1901.
Grunzel, System der Handelspolitik. Leipzig 1901.
— , Handelspolitik des Deutschen Reichs vom Frankfurter Frieden bis zur Gegenwart. Berlin 1899.
Kleinwächter, Die Kartelle. Innsbruck 1883.
Liefmann, Die Unternehmerverbände. Freiburg 1897.
Friedrich List, Nationales System der politischen Ökonomie. Herausgegeben von Häusser. Stuttgart und Tübingen 1850.
(Aus dem Nachlafs Treitschkes.)
v. Matlekovits, Die Zollpolitik der österreich-ungarischen Monarchie und des Deutschen Reiches. Leipzig 1891.
v. Renauld Edler von Kellenbach, Der Bergbau und die Hüttenindustrie von Oberschlesien. Münchner Volkswirtschaftl. Studien Nr. 38.
v. Schulze-Gävernitz, Volkswirtschaftliche Studien in Rufsland. Leipzig 1899.
Sering, Geschichte der preufsisch-deutschen Eisenzölle von 1878 bis zur Gegenwart. Leipzig 1882.
Troje, Amtlicher Zolltarif mit Warenverzeichnis. Harburg 1896.
Vogelstein, Die Industrie der Rheinprovinz. München 1902.
Wedding, Das Eisenhüttenwesen. Leipzig 1900.
Derselbe, Das basische Bessemer- oder Thomasverfahren. Braunschweig 1884.

Schriften des Vereins für Socialpolitik.
Über Handelspolitik, Band 49, 50, 51, 57 und 90—93; insbesondere:
Ballod, Die deutsch-amerikanischen Handelsbeziehungen. Band 91.
Lotz, Die Ideen der deutschen Handelspolitik von 1860—1891. Band 50.
— , Die Handelspolitik des Deutschen Reiches unter Graf Caprivi und Fürst Hohenlohe. Band 92.
Über wirtschaftliche Kartelle in Deutschland und im Ausland. Band 60, 61.
Schriften der Centralstelle zur Vorbereitung von Handelsverträgen, insbesondere 2., 3., 13., 14. Heft.
Volkswirtschaftliche Zeitfragen, insbesondere Heft 169:
Sympher, Die wirtschaftliche Bedeutung der Kanalvorlage und Hefte 165, 167/68.

Das deutsche Wirtschaftsjahr 1880, 1881, 1882, 1883. Handel und Industrie in Deutschland 1884—1888, herausgegeben vom Generalsekretariat des Deutschen Handelstages. Berlin. 1881, 1882, 1883, 1884, 1885, 1890.
Jahresberichte der Ältesten der Berliner Kaufmannschaft, der Handelskammern, besonders von Essen, Dortmund, Oppeln.

Zeitschrift „Stahl und Eisen“, herausgegeben von der Nordwestlichen Gruppe des Vereins deutscher Eisen- und Stahlindustrieller Düsseldorf. 1883 bis 1901.
Zeitschrift „Die Industrie“.

Protokolle der Sachverständigen-Vernehmung seitens der Eisenenquetekommission im November 1878.
Bericht der Eisenenquetekommission. 1879.
Stenographische Berichte der Verhandlungen des Reichstags. 1879.

Die statistischen Angaben sind, soweit nichts Besonderes bemerkt ist, der „Statistik des Deutschen Reichs“, bezw. den Vierteljahrsheften und den Statistischen Jahrbüchern entnommen. Daneben wurden für Zahlenangaben benutzt:

Jahrbuch für den Oberbergamtsbezirk Dortmund 1900/1901. — Essen 1901.
Gothaischer Hofkalender 1901.

Speziell amerikanische Literatur:
Atkinson ‚British Manufactures and the policy of Unfettered Commerce‘ und ‚The interdependence of nations‘. April 1901.
Schönhoff, ‚The Nations in competition at the close of the century‘. März 1901.
Swank, secretary and General Manager of the American Iron and Steel Association.
‚Notes and comments.‘ Philad. 1897.
‚The american and foreign iron trades in 1899‘, Washington, ‚Government Printing Office‘ 1900 (dem alle statistische Angaben, soweit nichts Besonderes bemerkt, entnommen sind).
‚Directory to the Iron and Steel Industrie.‘
David Williams, ‚The consolidations and listed stock companies in the iron and allied trades‘. New York 1900.
Zeitschrift ‚The bulletin‘. Philadelphia. 1901.

Erster Abschnitt.

Der Zoll auf Roheisen.

§ 1. Die Eisenzölle bis 1879[1].

Von jeher war in Preufsen die Industrie von Eisenwaren sehr bedeutend, während die Roheisenproduktion den heimischen Bedarf nicht deckte. Demzufolge liefs man Roheisen in dem berühmten Zolltarif vom 26. Mai 1818 sowie in den folgenden Jahrzehnten von jeder Eingangsabgabe frei und versuchte bis 1852 sogar, die Ausfuhr aus den östlichen Provinzen zu erschweren. Erst im Jahre 1844 wurde unter dem Einflufs einer schweren wirtschaftlichen Krisis und der übermächtigen Konkurrenz Englands ein Zoll von 20 Mark auf die Tonne (t) Roheisen gelegt. Unter seinem Schutze machte die Hüttenindustrie grofse Fortschritte. — Der Zoll wurde dann 1865 durch den Handelsvertrag mit Frankreich, dessen Abschlufs wesentlich politischen Gegensätzen zwischen Preufsen und Österreich zu verdanken war, auf 15 Mk. herabgesetzt, weiter 1868 im österreichischen Handelsvertrag auf 10 Mk. und 1870 auf 5 Mk. pro Tonne.

In diesen Jahren gewann die Freihandelslehre in Deutschland die Oberhand, und zur Herrschaft gelangte sie gleichzeitig mit dem grofsen wirtschaftlichen Aufschwung 1871—1873 nach dem deutsch-französischen Kriege. Der Bedarf der deutschen Industrie an Roheisen stieg gewaltig, hauptsächlich veranlafst durch die Anlage zahlreicher Eisenbahnen und die Neuausrüstung des deutschen Heeres. Da die heimischen Hochöfen trotz vieler Gründungen und Erweiterungen der Betriebe den Bedarf in keiner Weise befriedigen konnten, wurde das Verlangen nach englischem Roheisen

[1] Über die Geschichte der Eisenzölle bis 1879 und die Zollkämpfe dieses Jahres liegen erschöpfende Darstellungen vor: Sering „Geschichte der preufsisch-deutschen Eisenzölle“ (1818—1880), Lotz „Die Ideen der deutschen Handelspolitik von 1860—1891“.

immer lebhafter. Vom 1. Oktober 1873 ab kam der Roheisenzoll ganz in Fortfall.

Aber schon in diesem Augenblick waren Bedarf und Produktion auf ihrem Höhepunkt angelangt. Der Börsenkrisis des Jahres 1873 folgte in allen Ländern eine schwere Industriekrisis, mit besonderer Heftigkeit in Deutschland. Sie veranlafste einen Umschwung in den handelspolitischen Anschauungen. Überall beeilte man sich, die kaum gestürzten Zollschranken wieder aufzurichten. Auch in der bisher durchweg freihändlerisch gesinnten Wissenschaft wuchs die Schutzzollströmung an Stärke[1].

Der allgemeine Zug nach handelspolitischer Abschliefsung in der zweiten Hälfte der 1870er Jahre traf nun in Deutschland auf besonders günstige Voraussetzungen.

Preufsen hatte bis dahin sehr viel Getreide exportiert; seine Landwirte legten demnach mehr Wert auf Erhaltung des ausländischen Absatzes als auf den Schutz des inneren Marktes. Mit dem Eindringen des überseeischen Getreides wurde auch bei ihnen der Wunsch nach Schutzzöllen laut, nachdem schon vorher der Mehrbedarf der anwachsenden Bevölkerung den Getreideexport sehr reduziert hatte. Deutschland wurde aus einem Getreide ausführenden ein Getreide-Importland und gleichzeitig ein grofser Teil seiner Landwirte aus Freihändlern Schutzzöllner.

Den Anstofs aber zu der Zollreform von 1879 gab der schlechte Stand der deutschen Reichsfinanzen, den aufzubessern indirekte Steuern und Zölle am meisten berufen zu sein schienen. Aus finanziellen Erwägungen fand der Zolltarif auch bei grundsätzlichen Freihändlern wie Treitschke Zustimmung.

Dazu kam, dafs damals zuerst in unserm öffentlichen Leben die Meinungen und Wünsche der Produzenten hohes Ansehen und Gehör fanden, während bis dahin die Beamtenschaft die entscheidende Stimme bei der Gesetzgebung gehabt hatte. Zur Geltendmachung ihrer Forderungen vereinigten sich die Fabrikanten[2], und die Führung im Zollkampf übernahm der hauptsächlich aus Spinnern und Eisenhüttenleuten zusammengesetzte Centralverband deutscher Industriellen. Auch ein Teil der Maschinenindustrie schlug sich auf die schutzzöllnerische Seite, während die Weber und zum Teil auch die Eisen verarbeitenden Industrien am Freihandel festhielten.

Der erste Erfolg der Schutzzollbewegung war im Juni 1878 die Einsetzung von Enqueten zur Feststellung der wirtschaftlichen Lage in der Baumwoll- und Eisenindustrie. In

[1] Vgl. Bd. XVI der Verhandlungen des Vereins für Socialpolitik am 21. und 22. April 1879.

[2] Vgl. darüber Bücher in den Verhandlungen des Vereins für Socialpolitik 1894. Bd. 61, S. 143.

der Eisenenquete wurden 46 Sachverständige, nämlich vorwiegend — 32 — Hochofenbesitzer, daneben 2 Bergbautreibende, 2 Leiter von Eisenbahnverwaltungen, 6 Eisenhändler und 4 Landwirte — als Verbraucher — vernommen. Die Vernehmungen ergaben seitens der Produzenten überwiegend das Verlangen nach Schutzzöllen.

Es folgte die Erklärung der 204 Reichstagsabgeordneten vom 17. Oktober 1878 zu Gunsten des Schutzzolles, Bismarcks Schreiben an die Tarifkommission des Bundesrats vom 15. Dezember 1878, die Einbringung des Zolltarifentwurfes im Reichstag am 10. April 1879 und mittelst eines Bündnisses zwischen schutzzöllnerischen Industriellen und Landwirten seine Annahme im Hochsommer 1879 nach heftigen parlamentarischen Kämpfen. Vom 1. Juli 1879 ab traten die neuen Zölle in Kraft, für Roheisen gemäfs der Regierungsvorlage ein Zoll von 10 Mark pro Tonne. Auf dieser Höhe ist er bis jetzt unverändert geblieben, und auch der neue Tarifentwurf vom 19. November 1901 bringt keine Änderung.

Der im Verhältnis zu andern Ländern wenig gegliederte Tarif von 1879 enthält unter Position 6—6e die Eisenzölle in 38 statistischen Nummern des Warenverzeichnisses (227—265), unter Position 15—15d die Zölle auf Maschinen und Instrumente in 12 Nummern.

Bevor man die Erscheinungen untersucht, die dem Verlangen nach Schutzzöllen zu Grunde lagen, müssen in Kürze die damaligen Produktionsbedingungen der deutschen Industrie, auch im Vergleich zu denen des Auslandes, geschildert werden. —

§ 2. Produktionsbedingungen und wirtschaftliche Lage der deutschen Eisenindustrie 1879.

Voraussetzung einer grofsen Eisenindustrie ist das Vorkommen von Erzen oder Kohlen. Bei den hohen Transportkosten beider Stoffe infolge ihres niedrigen specifischen Wertes ist die Bildung einer Eisenindustrie, die Erze und Kohlen aus der Ferne bezieht, auf die Dauer nicht möglich. Erfahrungsgemäfs kommen die Erze leichter zu den Kohlen, als die Kohlen zu den Erzen.

Auch Deutschland ist reich an beiden Mineralien. Seine Kohlenproduktion betrug 1877 48,3 Millionen Tonnen und stand nur hinter England und Nordamerika zurück. Die mächtigsten Kohlenlager finden sich an der Ruhr, wo vier Fünftel aller deutschen Koks hergestellt werden, ferner in Oberschlesien und an der Saar, gleichfalls mit grofser Koksproduktion. Daneben kommen noch in Betracht die Kohlenbecken von Aachen, ferner Wettin und Löbejün im Regierungsbezirk Merseburg, Zwickau und der Plauensche

Grund in Sachsen, sowie Stockheim in Oberfranken. Die Braunkohlenlager interessieren hier nicht. Die Verwendung von Holzkohlen war schon 1879 unbedeutend.

Die berühmtesten Erze Deutschlands waren die Siegerländer, die das beste Material für den Puddelprozeſs abgaben; es sind manganreiche, fast phosphorfreie Spateisensteine von sehr hohem Eisengehalt, nicht schwer gewinnbar. Schlesien besitzt Brauneisenerze in groſser Menge und von mäſsigem Eisengehalt, 35—40 %, vor allem zum Puddelprozeſs brauchbar, ferner Thon- und vereinzelt Magneteisensteine. Ziemlich gering war damals noch die Ausbeute der sehr phosphorhaltigen oolithischen Brauneisensteine des Harzes. In Bayern, Thüringen und dem Rheinland findet man ebenfalls Braun-, Spat- und Roteisensteine, Rasenerze schlieſslich in den verschiedensten Gebieten Deutschlands. Die gröſsten Funde aber weisen Lothringen und das zum Zollverein gehörige Luxemburg auf: die nicht viel eisen-, aber stark phosphorhaltigen Minetteerze. Wegen dieses hohen Phosphorgehalts waren sie aber vor 1879 nur von mäſsiger Bedeutung.

Weniger günstig ist die Lage der Kohlen- und Erzbergwerke zu einander. Nur in Oberschlesien und an der Saar sind die Entfernungen mäſsig; dagegen sind das Siegerland und das Ruhrgebiet über 100 km, die Ruhrkohlen und die lothringischen Erze sogar 300—400 km voneinander getrennt. Dabei fehlt es an durchweg schiffbaren Wasserwegen. —

Die Produktion von Gieſserei-Roheisen war in Deutschland schwach, stand weit hinter der englischen zurück und genügte den Ansprüchen der hochstehenden deutschen Gieſsereien weder an Menge noch an Beschaffenheit. Dagegen war die Produktion von Puddelroheisen sehr entwickelt; sie hatte eine auswärtige Konkurrenz seit Zurückdrängung der belgischen kaum zu befürchten und erfreute sich sogar einer mäſsigen Ausfuhr. In diesen Verhältnissen hatte seit 1861 die Erfindung Bessemers eine vollständige Revolution hervorgerufen. Bessemer-Fluſseisen und -Fluſsstahl begannen auf fast allen Gebieten das Schweiſseisen zu verdrängen, und auch die deutschen Puddelwerke muſsten zum Bessemerverfahren übergehen.

Hier stellten sich ihnen aber Schwierigkeiten entgegen: der gröſste Teil der deutschen Erze, auch in dem neu erworbenen Lothringen, lieſs sich seines starken Phosphorgehaltes wegen nicht zur Stahlbereitung gebrauchen. Man war daher genötigt, mit hohen Frachtkosten spanische und Elbaer Erze kommen zu lassen, wodurch sich die Fluſseisenproduktion wesentlich verteuerte. —

Dies hatte solange keine schlimmen Folgen, als die Nachfrage sehr groſs und demnach die Preise sehr hoch waren; 1873 kostete die Tonne Roheisen 170 Mk. Man achtete der hohen Produktionskosten nicht, sondern gründete zahlreiche Aktiengesellschaften und baute Hochofen auf Hochofen[1]. Die Kapitalien entlieh man sich zu immer höheren Zinsen, und die Betriebe wurden auf eine Nachfrage wie die von 1873 eingerichtet, ja auf eine noch weitere Entwicklung.

Infolge der Krise sank nun seit 1874 die Nachfrage sehr stark, und es trat eine schwere Depression ein; das Bauwesen erlahmte, der Eisenbahnbau stockte. Der Verbrauch von Roheisen pro Kopf der Bevölkerung betrug im Jahre 1873 71 kg, dagegen 1874—1879 nur 50,6, — 43,8, — 41,1, — 38,5, — 36,7, — 34,3 kg[2].

Die Produktion aber liefs sich nicht dem gesunkenen Bedarf entsprechend einschränken, und so bezahlte man im Durchchnitt des Jahres 1875 für die Tonne Roheisen, die 1873 noch 170 Mk. gekostet hatte, nur etwa 50 Mk. Es herrschte eine gefährliche Überproduktion. Dies wurde zwar in dem Bericht der Enquetekommission (S. 2—4) mit dem Hinweise darauf bestritten, dafs die deutsche Produktion den Verbrauch gar nicht überschritten hätte. Zum Beweise dessen rechnete die Kommission die thatsächliche Produktionsmenge aus und stellte ihr den Verbrauch, zusammengesetzt aus Produktion plus Einfuhr minus Ausfuhr, gegenüber. Aus dieser Rechnung kann man höchstens folgern, dafs die Hochofenwerke keine unverkauften Bestände auf Lager hatten. Der Begriff der Überproduktion ist aber der[3], dafs zwar viel mehr hergestellt werden könnte nach der vorhandenen Leistungsfähigkeit der Betriebe, aber aus Furcht, nicht verkaufen zu können, thatsächlich weniger produziert wird. Und ein solcher Zustand lag seit 1874 vor, wie folgende Berechnung zeigt:

Die deutschen Hüttenwerke stellten 1873: 2174000 t Roheisen her; auf eine solche Jahresleistung mufsten also auch ihre Betriebe eingerichtet sein. Erzeugten sie weniger, so waren die Betriebe nicht voll beschäftigt. Nun produzierten die deutschen Hochöfen aber in den Jahren:

	1874	1875	1876	1877	1878
1000 t:	1856	1982	1802	1899	2119

oder weniger als i. J. 1873 in 1000 t:

318	192	372	275	55

oder in Prozenten der Jahresproduktion von 1873:

85	92	83	88	97 %

Dabei sind etwaige technische Verbesserungen in den Jahren 1873—1878 ganz unberücksichtigt geblieben.

---

[1] Nach v. d. Borght im Handwörterbuch der Staatswissenschaften, Art. Aktiengesellschaften, wurden bis 1870 in der Bergbau- und Hüttenindustrie 23, 1870—1880: 28 Aktiengesellschaften gegründet. —

[2] Sering a. a. O. S. 156.

[3] Vgl. ebenda S. 228.

Das sind die typischen Erscheinungen der Überproduktion. Wenn die Produzenten dies so lebhaft bestritten, so rührt das wohl daher, daſs man fälschlicher Weise in das Wort einen Vorwurf hineinlegte.

Sie machte sich um so empfindlicher bemerkbar, als der Betrieb besonders der mit hohem Kapital gegründeten und kostspielig eingerichteten Bessemerwerke unbedingt auf starke Beschäftigung und gute Preise angewiesen war.

Geholfen werden konnte nur durch eine Einschränkung der Produktion. Das aber hätte für viele Hüttenwerke die Vernichtung bedeutet; denn es war immer noch vorteilhafter, zu niedrigen Preisen als gar nichts zu verkaufen. —

Zu diesem inländischen Überangebot kam nun aber das Englands hinzu. Dort lagen die Dinge ähnlich, höchstens insofern etwas besser, als die Krise die unsoliden Betriebe noch energischer beseitigt hatte. Die Werke waren unbeschäftigt und versuchten, dem durch Forcierung des Exports abzuhelfen. Und zwar richtete sich der Export in erster Linie nach dem offenen Markte Deutschlands, da der andere regelmäſsige Abnehmer, Nordamerika, am 6. Juni 1872 seinen Markt gesperrt hatte. Die Einfuhr nach Deutschland ging nach der Krise zwar zurück, aber nicht so stark, wie es dem verminderten Bedarf entsprochen hätte.

Der überlegenen Konkurrenz Englands wurde von den meisten Industriellen die Hauptschuld, wenn nicht die alleinige, an dem wirtschaftlichen Niedergange zugeschoben. Es helfe daher auch nichts, wenn das Inland mit seiner Produktion Maſs halte. Diese Behauptung war aber übertrieben.

Es wurden an 1000 t Roheisen eingeführt[1]:

1873	1874	1875	1876	1877	1878
743	549	625	584	541	485

Sering hat nun aber meines Erachtens überzeugend nachgewiesen[2], daſs diese Ziffern zu hoch sind, weil sie einen groſsen Teil der Durchfuhr mit enthalten, die seit dem Fortfall des Zolles i. J. 1873 nicht mehr genau deklariert wurde. Versucht man die Durchfuhr nach dem Verhältnis früherer Jahre auszuscheiden, so betrug die — in 1000 t —

	Einfuhr zum Verbleib	Ausfuhr	Mehreinfuhr	Produktion	Verhältnis der Produktion zur Einfuhr
1873	690	154	536	2174	2,9
1874	383	76	307	1856	4,8
1875	438	171	267	1982	4,5
1876	413	149	264	1802	4,4
1877	380	219	161	1899	5,0
1878	330	291	39	2119	6,4

[1] Sering a. a. O. S. 164. Die Ziffern weichen von den in der Begründung zum neuen Zolltarif gegebenen unerheblich ab.

[2] Ebenda S. 164—167.

Die in der letzten Spalte berechnete Zahl legt klar, um wie vielmal die Produktion gröſser als die Einfuhr ist. —

Nun lagen die Verhältnisse bei Gieſsereiroheisen und Roheisen für schmiedbares Eisen ganz verschieden. Leider scheidet die Einfuhrstatistik die Roheisensorten nicht. Bis zum Jahre 1882 findet sich aber ein gewisser Ersatz in den Angaben der das Eisen verarbeitenden Walzwerke, Gieſsereien u. a. über die Herkunft des von ihnen verwandten Materials[1]. Darnach erkennt man:

1. In Puddelroheisen, das damals noch den gröſsten Teil der deutschen Produktion ausmachte, bestand überhaupt keine auswärtige Konkurrenz. Es wurden 1878 verschmolzen: 1 353 000 t heimisches und 34 000 t ausländisches Roheisen.

2. Vor 1870 wurde etwa dreimal so viel englisches als deutsches Gieſserei-Roheisen verarbeitet; seit 1871 kamen in 1000 t Gieſsereiroheisen zur Verwendung:

	deutsches	= %	engl.	= %		deutsches	= %	engl.	= %
1871:	76	27,1	204	72,9	1875:	116	27,2	311	72,8
1872:	93	22,4	323	77,6	1876:	94	24,7	287	76,3
1873:	100	22,6	344	77,4	1877:	102	29,6	243	70,4
1874:	115	27,2	308	72,8	1878:	102	30,3	235	69,7

Die Verwendung fremden Gieſsereiroheisens hatte 1873 ihren Höhepunkt erreicht, lieſs aber bis 1878 sehr nach. Es deckte 1878 einen geringeren Teil des deutschen Bedarfs als in der Zeit des früheren Zollschutzes bis 1870. Die Einfuhr von Gieſsereiroheisen war also zwar sehr groſs, aber nicht stärker geworden; sie hatte das Wachstum der deutschen Produktion kaum aufgehalten, war aber zur Deckung des Bedarfs noch notwendig. In den Bezirken Lothringen, Köln, Aachen und Oppeln wurde überwiegend deutsches, in allen andern Gebieten mehr englisches Eisen verarbeitet. —

3. Wie viel ausländisches Roheisen zur Herstellung von Fluſseisen und Fluſsstahl verwandt wurde, läſst sich nur für die Jahre 1877 und 1878 feststellen, da bis dahin nur die Rohstahlhütten Angaben gemacht hatten. 1877 kamen 173 000 t, 1878 111 000 t zur Verwendung. Davon ist ein Teil schwedisches Holzkohlenroheisen, das als unentbehrlicher Rohstoff für die Herstellung besonders harten Stahls, zu Hufnägeln und bestem Guſsstahl, galt, der gröſsere Teil dagegen englisches Bessemerroheisen. Aber dessen Einfuhr befand sich im Rückgang und machte 1878 nur noch wenig über ein Fünftel des gesamten zur Verwendung kommenden Eisens aus, da gleichzeitig das deutsche Material von 261 000 t im J. 1877 auf 391 000 t im J. 1878 stieg.

[1] Vgl. Sering a. a. O. S. 175.

Die englische Einfuhr war also nicht so grofs, dafs man von einer Überflutung des deutschen Marktes sprechen konnte, um so weniger, als ihr gröfster Teil, das Giefsereiroheisen, kein neuer Konkurrent unserer Hochöfen war. Allerdings war der Einflufs des englischen Wettbewerbes auf dem deutschen Eisenmarkt wesentlich gröfser, als der thatsächliche Import andeutet. Denn schon die Möglichkeit der Einfuhr zu niedrigeren Preisen vermag die Inlandspreise herabzudrücken; kostete Roheisen in London 35 Mk., so konnte man auch in Deutschland auf die Dauer keinen höheren Preis frei Verbrauchsort nehmen, als 35 Mk. plus Fracht.

Die englischen Preise von Giefsereiroheisen bestimmten die deutschen nun in vollem Mafse auf dem norddeutschen Markte, wohin das englische Eisen billiger als das westfälische und schlesische gebracht werden konnte, besonders auch in Berlin. Weniger im Süden und Südwesten des Reiches, da hierhin die westfälischen und lothringischen Hochöfen niedrigere Frachtkosten hatten. In Bessemerroheisen war der Parallelismus zwischen deutschen und englischen Preisen weniger deutlich, bei Puddelroheisen bestand er gar nicht.

In den Jahren 1877 und 1878 standen die englischen Preise niedriger als jemals seit 1863. Nach einer Steigerung auf 104 sh. i. J. 1873 hatten sie 1874—1876 noch zwischen 43 sh. und 56 sh. geschwankt, 1877 aber fiel der Preis auf 37,3 sh. und erholte sich 1878 nur auf 39,3 sh.[1]. —

Die Fortdauer derartig ungünstiger Zustände brauchte man zwar nicht zu erwarten, aber aufserdem behaupteten alle Fabrikanten auf das lebhafteste, die englische Hüttenindustrie sei der deutschen überhaupt durch geringere Produktionskosten überlegen, sowie dauernd auf den Export zu uns eingerichtet. Die deutsche Eisenindustrie könne die englische Konkurrenz daher nur bei hohen Preisen aushalten und bedürfe eines kräftigen Zollschutzes.

Der im folgenden versuchte Vergleich zwischen Deutschland und England stützt sich im wesentlichen auf die Eisenenquete. Ohne den nach 23 Jahren allmählich verblafsten Streit über die Zuverlässigkeit ihrer Angaben und der daraus von der Kommission gezogenen Schlüsse wieder aufzunehmen, kann man doch soviel sagen, dafs derartige Vergleiche nie von zweifelloser Zuverlässigkeit sind. Ist es schon schwer, die heimischen Produktionskosten mit Rücksicht auf die zahlreichen dabei in Betracht kommenden Faktoren als Materialkosten, Löhne, Anlagekapital genau zu berechnen, so gilt dies erst recht für das Ausland. Mit diesem Vorbehalt kann man aus der Enquete doch den Schlufs ziehen, dafs

[1] Nach den Preisnotierungen des Eisenhändlers Elkan in Hamburg (Stahl und Eisen 1885, S. 104 fg.).

Englands Hüttenindustrie der deutschen überlegen war und zwar in folgenden fünf Punkten:

1. England bezog seine Erze für den Bessemerprozefs mit geringeren Kosten. Ein grofser Teil der englischen Erze war phosphorfrei und daher zur Darstellung von Flufseisen brauchbar. Vor allem aber stellte sich für England der Bezug spanischer und Elbaer Erze wesentlich billiger als für uns. Einmal liegen die englischen Hochöfen ganz in der Nähe des Meeres; aufserdem ist die Entfernung von Spanien nach England geringer, und die Schiffsfrachten waren niedriger. Infolgedessen erhielt England die für eine Tonne Roheisen erforderlichen Eisenerze aus Spanien (Bilbao) um etwa 19 Mk. billiger als die deutschen Hüttenwerke. Dies bedeutete aber — besonders bei dem niedrigen Stand der Eisenpreise — eine ganz wesentliche Differenz [1].

2. Die in England selbst gefundenen Erze und Kohlen liegen dichter zusammen als bei uns. In Cleveland findet man Erze und Kohlen häufig in demselben Bergwerk. Soweit aber für England Entfernungen in Betracht kamen, waren die Frachtsätze zum mindesten nicht höher, zum Teil sogar niedriger als die deutschen [2].

3. Auf dem Wasserwege lieferte England über die Nord- wie Ostseehäfen den norddeutschen Giefsereien das Eisen billiger, als es Oberschlesien oder Westfalen konnten, um so mehr, als die deutschen Wasserstrafsen unzureichend und die Frachtkosten hohe waren. Selbst nach dem Hauptabsatzpunkt Berlin war für England der Transport nicht teuerer als für Schlesien [3].

Diesem besonders schwer empfundenen Nachteil konnte man durch Zölle oder durch eine Erleichterung des deutschen Absatzes, also Frachtverbilligung, begegnen. Die letztere Methode war aber aus finanziellen Gründen, die ja bei der 1879er Zollreform — wenigstens für die Regierung — die Hauptrolle spielten, undurchführbar.

4. England besafs — und zwar ebenfalls besonders in Giefsereiroheisen — eine seit Generationen ununterbrochen thätige, gut geschulte Arbeiterbevölkerung; die Tagesleistung des englischen Arbeiters war wesentlich gröfser als in Deutschland und überwog den Mehraufwand an Löhnen weit [4]. Aber auch im Bessemerprozefs hatten die englischen Arbeiter schon eine längere Schulung durchgemacht, während der Puddelprozefs, in dem die deutschen Arbeiter hervorragten, an Bedeutung immer mehr abnahm.

---

[1] Kommissionsbericht S. 15; Vernehmungen S. 392.
[2] Kommissionsbericht S. 15.
[3] Ebenda S. 14.
[4] Ebenda S. 15.

5. Zu diesen speciellen Gründen kam nun noch eine Reihe mehr allgemeiner Natur hinzu:

Englands Eisenindustrie besafs seit Jahrzehnten einen Weltruf, man hielt allgemein englisches Eisen für besser, und dieses Vorurteil bestand auch in weiten Kreisen Deutschlands. Besonders zum Giefsen, aber auch für Stahl und Draht, gab man dem englischen Eisen den Vorzug. Ferner war England ein hochentwickelter Industrie- und Handelsstaat und erfreute sich aller Vorteile desselben: gröfserer Reichtum an Kapitalien, stärkere Organisation des Kredites, lebhafterer Verkehr und weitverzweigte Absatzbeziehungen. Sie wurden durch die mächtige Handelsflotte und den grofsen Schiffbau unterstützt.

Bestritten wurde Englands Überlegenheit in der Technik; für den Puddel- und wohl auch den Bessemerbetrieb mit Recht. Dagegen war es, wie von vielen Seiten[1] versichert wurde, bei uns noch unmöglich, ein so gleichmäfsiges Giefsereiroheisen zu erblasen wie in England.

Zu Ungunsten Englands fielen in die Wagschale nur die höheren Abgaben der Bergwerksbesitzer an die Grundeigentümer, vielfach noch 20 % vom Werte des gewonnenen Erzes. Doch erwartete man eine Verminderung der Abgaben[2]. —

Der Bericht der Enquetekommission fafst die Angaben über die Differenz zwischen deutschen und englischen Produktionskosten zusammen[3]. Darnach kostete die Herstellung von

in	Bessemerroheisen	Puddelroheisen		Giefsereiroheisen
		ordinärem-	Qualitäts-	
	Mark	Mark		Mark
Westfalen	61—70	45	52—61	59—64
Schlesien	72—80	41—54	52	54—60
Lothringen	—	34—38	—	42—43
England	53—58	36—38	—	36—38 42—45 (schottisches)
Dazu Belgien	—	32—39	—	38,4

Die Herstellung von gutem Giefsereiroheisen war also in England um 10—15 Mk., die des ordinären um fast 20 Mk. billiger als in Westfalen und Schlesien, um etwa 5 Mk. billiger als in Lothringen. In Bessemerroheisen war Englands Vorsprung gegen Westfalen 8 Mk., gegen Schlesien 20 Mk.; hier war aber der Bessemerprozefs noch unentwickelt.

Die Angaben für Puddelroheisen sind nur der Vollständigkeit wegen mit gegeben. Obgleich die Kosten seiner Gewinnung darnach in Deutschland wesentlich höher waren, hatte es doch eine fremde Konkurrenz nicht zu bestehen.

[1] Vgl. Sering a. a. O. S. 178 fg.
[2] Kommissionsbericht S. 19, 20. Vernehmungen S. 281.
[3] Kommissionsbericht S. 12—18.

Dies läſst darauf schlieſsen, daſs auch in den anderen Sorten die Konkurrenz so schlimm nicht sein konnte. —

Ein von der Enquetekommission angestellter Vergleich mit den Verkaufspreisen zeigte, daſs ein wirklicher Gewinn eigentlich nirgends erzielt wurde; bei westfälischem Bessemerroheisen überschritten die Herstellungskosten sogar die Verkaufspreise[1]. Diese waren für

in	Bessemerroheisen	Puddelroheisen ordinärem-	Puddelroheisen Qualitäts-	Gieſsereiroheisen
	Mark	Mark		Mark
Westfalen	63—69	45	54—60	58—65
Schlesien	—	—	53	56
Lothringen	—	35—38	—	42—49

Nur die bayerische Maximilianshütte berechnete für Bessemerroheisen 63 Mk. Selbstkosten und 70—72 Mk. als Verkaufspreis. —

Auch auf die Konkurrenz Belgiens wurde der Preisdruck zurückgeführt. In Wahrheit war sie aber auf dem Roheisenmarkt sehr gering. Denn der gröſste Teil der aus Belgien deklarierten Einfuhr war nur belgische Durchfuhr und in Wirklichkeit englisches Eisen. Der eigentliche Import, den man aus den belgischen Ausfuhrziffern erkennen kann, wuchs nicht[2]. — Die Einfuhr aus Frankreich war mit 9000 t unbedeutend und geringer als der Export dorthin; man befürchtete allerdings ein Anwachsen des Imports, wenn die hohen Preise in Frankreich sänken. Man nahm die französischen Produktionskosten als den deutschen gleich an. —

Der Einfuhr stand ein ziemlich erheblicher Export gegenüber, immerhin ein Beweis für die Leistungsfähigkeit der deutschen Eisenindustrie. Zwar wurde von den Befürwortern des Zolles ausgeführt, es handle sich nur um eine Notausfuhr, infolge der Bedrängnis durch die fremde Konkurrenz auf dem heimischen Markte. Wenn aber die Industrie schon auf dem heimischen Markte nicht konkurrieren kann, so kann sie es erst recht nicht auf dem fremden, soweit ihr Absatz dorthin nicht etwa geographisch oder handelspolitisch begünstigt ist. Dies war aber England gegenüber damals nirgends der Fall; nur Oberschlesien hatte zum Export nach manchen Teilen Ruſslands einen Vorsprung. Die Ausfuhr geschah also zwar zu niedrigen Preisen und wurde mehr als in normalen Zeiten forciert, aber dieses hatte seine Ursache in erster Linie wieder in dem dargelegten Miſsverhältnis zwischen deutschem Bedarf und Produktion[4]. —

Aus den angeführten Daten und Mitteilungen erkennt

---

[1] Kommissionsbericht S. 13—18.
[2] Sering a. a. O. S. 177, 178.
[3] Kommissionsbericht S. 18.
[4] Vgl. Sering a. a. O. S. 228 fg.

man demnach als Gründe für die schlechte Lage der Hüttenindustrie:

Die deutschen Hochöfen, die Puddelroheisen herstellten, litten nicht unter ausländischer Konkurrenz, wohl aber unter Überproduktion und der Verdrängung durch Flufseisen; die deutschen Hochöfen, die Bessemerroheisen herstellten, unter der herrschenden Überproduktion, verschärft durch besonders hohe Produktionskosten. Hinzu trat die englische Konkurrenz, die zwar an sich nicht umfangreich war, aber bei den niedrigen Preisen schärfer als zu normalen Zeiten wirkte. Sie war im wesentlichen durch die geringeren Beschaffungskosten phosphorfreier Erze bedingt.

Die Giefsereiroheisen produzierenden Hochöfen hatten sowohl unter der mangelnden deutschen Nachfrage als auch unter der englischen Konkurrenz zu leiden. Diese war völlig mafsgebend bei Giefsereiroheisen in Norddeutschland, hatte einen geringen Einflufs auf Flufsroheisen und -Stahl und keinen direkten auf Puddelroheisen. —

Während der Centralverband anfangs noch einen Zoll von 6 Mark vorgeschlagen hatte, hielt man schliefslich einen 10-Markzoll zum Schutz gegen die englische Konkurrenz für notwendig. Die Motive der schutzzöllnerischen Mehrheit, wie sie insbesondere in der Reichstagsrede des Abg. Stumm am 16. Mai 1879 zur Sprache kamen [1], waren etwa folgende:

Die Enquete habe bewiesen, dafs die deutschen Hochöfen dem Untergange verfallen wären, wenn die beständig wachsende englische Konkurrenz nicht ferngehalten würde. Das englische Giefsereiroheisen sei und bleibe dem deutschen überlegen. Das vorzügliche deutsche Puddeleisen sehe seiner völligen Verdrängung durch das Flufseisen entgegen; jetzt habe gar Thomas gezeigt, dafs man phosphorhaltige Eisenerze unter $1^{1}/_{2}$ % Phosphor zur Flufseisenproduktion verwenden könne; damit seien die lothringischen Erze, die über 1,7 % Phosphor enthielten, noch nicht brauchbar, wohl aber die Clevelanderze, und so würde das englische Eisen auch den deutschen Markt für schmiedbares Roheisen erobern, wie es den für Giefsereiroheisen schon erobert hätte. In Flufseisen würden wir nicht konkurrieren können; es müsse daher einesteils den Puddelwerken ermöglicht werden, unter hohen Preisen bei diesem Verfahren zu bleiben; ferner sollte ihnen zur Entschädigung für ihre unausbleiblichen Verluste bei der Herstellung schmiedbaren Eisens ganz fest der Absatz von Giefsereiroheisen gewonnen und gesichert werden. Der Zoll müsse den Unterschied zwischen englischen und deutschen

[1] Ähnlich äufserten sich die Abgeordneten Rentzsch am 15. Mai und Berger am 16. Mai 1878 (2. Lesung). — Vgl. auch die Eingabe des Verbandes deutscher Eisen- und Stahlindustrieller. Anfang Februar 1879.

Produktionskosten ausgleichen. — Neben den wirtschaftlichen wurden vereinzelt auch politische Gesichtspunkte geltend gemacht: Es erhöhe Deutschlands Unabhängigkeit, wenn es seinen Bedarf an Eisen ganz im Inlande decken könne.

Der Zoll von 10 Mark war höher als der seit 1868 bestehende. Der Ziffer nach entsprach er dem von 1865—1868; in Wirklichkeit war er wesentlich höher, da der Roheisenpreis inzwischen sehr gesunken war. Bei dem durchschnittlichen Preisstand der Jahre 1877—1879 bedeutete er für Qualitäts-Giefsereiroheisen einen Wertzuschlag von fast 20 %, für ordinäres Giefsereiroheisen von 25 %, für Bessemerroheisen von 15 %. Er würde, wäre er voll zur Wirkung gekommen, die Differenz der Selbstkosten zwischen englischem und deutschem guten Giefsereiroheisen ganz, zwischen dem ordinären nicht ganz, zwischen dem Bessemerroheisen mehr als völlig ausgeglichen haben.

§ 3. Einfuhr, Ausfuhr und Produktion von Roheisen 1879—1900.

Grundlegend für die Entwicklung der Eisenindustrie in den letzten zwei Jahrzehnten ist das beständige Anwachsen des Eisenverbrauchs. Immer mehr Gegenstände werden aus Eisen angefertigt, immer neue Länder werden der Kultur und damit dem Eisen erschlossen: die Länge der Eisenbahnschienen hat sich seit 1878 verdreifacht. Die Welt wird immer eiserner.

Mit der Steigerung des Bedarfs Hand in Hand gehend, teils sie veranlassend, teils durch sie veranlafst, ist auch die Produktion enorm gewachsen, von 18 auf 40 Mill. Tonnen zwischen 1878 und 1900. Mehr und mehr konzentriert sie sich auf die drei Länder England, Deutschland und die Vereinigten Staaten von Amerika; erst in weitem Abstand folgen dann Frankreich, Österreich, Belgien, Rufsland, Schweden, Spanien und mit geringen Mengen Italien, Canada und Japan. Neben Nordamerika hat an der grofsen Entwicklung Deutschland den lebhaftesten Anteil genommen; seine Produktion stieg zwischen 1878 und 1900 von 2 148 000 t auf 8 436 000 t, und reduziert man — nach der bekannten Methode unter Hinzufügung von ein Drittel — die Eisenfabrikate auf Roheisen, so betrug die Eisenausfuhr 1899: 2 228 000 t gegenüber 1 275 000 t i. J. 1878. Der heimische Verbrauch stieg von 37,2 kg i. J. 1878 auf 81,7 kg i. J. 1890 und 128 kg 1899[1] pro Kopf der Bevölkerung.

Die Entwicklung des Aufsenhandels und der Produktion

[1] Schätzungen des Jahrbuchs für den Oberbergamtsbezirk Dortmund 1900/1901, S. 590, 594.

stellt die Tabelle I dar, in Spalte 5 ist der Verbrauch angegeben, in Spalte 6 der Anteil des Imports am Verbrauch. —

Die Einfuhr zunächst weist im Jahre 1880 gegenüber 1878 einen erheblichen Rückgang auf, um 98000 t. Das Jahr 1879 kann zur Vergleichung nicht herangezogen werden, da der Zoll erst seit dem 1. Juli 1879 erhoben wurde. Der Import bleibt allerdings nicht so niedrig, steigt vielmehr i. J. 1882 wieder beinahe auf die Höhe des Jahres 1878.

Seit dieser Zeit ist ein dauernder Zusammenhang zwischen wirtschaftlichem Aufschwung und Anwachsen der Einfuhr zu konstatieren; dagegen sinkt die Einfuhr in Depressionsjahren. Die Jahre 1881—1883 brachten wenigstens eine vorübergehende Besserung der seit sieben Jahren bestehenden wirtschaftlichen Notlage: die Einfuhr steigt auf 283000 t; sinkt aber in den ungünstigen Jahren bis 1886 wieder auf 165 000 t. 1890 erhebt sie sich auf 385000 t, um nach der Krise von 1890 wieder bis auf 188000 t i. J. 1895 herabzugehen. Die glänzenden Jahre 1896—1900 lassen den Import bis auf 727000 t anwachsen, was dem des Jahres 1873 fast gleichkommt. Sie ist veranlafst durch den das Angebot weit übersteigenden Bedarf. In der Krise des letzten Jahres endlich ist auch die Einfuhr wieder sehr herabgegangen.

Die Einfuhr besteht seit etwa 1883 fast ausschliefslich aus Giefsereiroheisen. Die Verwendung desselben nahm nicht ab; gegenüber 235000 t i. J. 1873 betrug sie in 1000 t

im Jahre	1879	1880	1881	1882
	245	235	224	241

Dagegen war zu derselben Zeit, der eines wirtschaftlichen Aufschwungs, das ausländische Flufsroheisen auf 112000 t zurückgegangen.

Eine zahlenmäfsige Scheidung der Roheisensorten ist seitdem nicht mehr möglich, da die Angaben der Giefsereien und Walzwerke über das von ihnen verarbeitete Roheisen aufhören, und ein Ersatz dafür fehlt. Es ist aber ziemlich sicher, dafs seit etwa 1883 oder 1884 englisches Bessemerroheisen fast gar nicht mehr auf den deutschen Markt gekommen ist. Preisnotierungen finden nur für Giefereiroheisen statt, kein Interessentenverband, keine Handelskammer berichtet über englischen Import von Flufsroheisen. Überdies bestätigt jeder Eisenhändler, dafs aus England, aufser etwa in den letzten Jahren, fast nur Giefsereiroheisen importiert wird. Während also die Einfuhr des letzteren nach dem Zollgesetz kaum abnahm, sank die Verwendung englischen Bessemerroheisens rasch und blieb seitdem ganz gering.

Auch die seit 1897 aus Nordamerika eingeführten geringen Eisenmengen dienen gröfstenteils zum Gufs; sie stiegen 1900 bis auf 31000 t, sind aber 1901 schon wieder erheblich zurückgegangen. — Der Rest der Einfuhr entfällt auf Schweden (vgl. § 4). —

Das entgegengesetzte Bild zeigt sich bei der Ausfuhr: sie ist schwach in Zeiten lebhaften Aufschwungs, stärker, wenn auch nicht grofs, bei einer Depression. So übertraf sie in den Zeiten gröfster Notlage, 1886 und 1887, die Einfuhr ganz erheblich und rückte auch 1894/95 nah an die Einfuhrsumme heran. Im ganzen ist die Tendenz absteigend, was aus dem wachsenden Bedarf Deutschlands, sowie aus dem zeitweiligen Verlust des nordamerikanischen Absatzgebietes für das beste Siegerländer Spiegeleisen zu erklären ist. Die Ausfuhr richtete sich die 80er Jahre hindurch ebendorthin, in den letzten Jahren hauptsächlich nach Belgien, Frankreich, Österreich, auch nach Rufsland und der Schweiz. Schon seit 1888 hat sie 200000 t nicht überstiegen; doch ist in den nächsten Jahren eine Zunahme möglich. Falls nämlich, wie es den Anschein gewinnt, unsere Roheisenproduktion seit 1899 über den Inlandsbedarf normaler Zeiten gestiegen ist, so könnten sich die Hüttenwerke während schlechter Jahre zu einer Forcierung des Exports genötigt sehen. Im ganzen aber exportiert Deutschland entschieden Eisen nicht roh, sondern zu Fabrikaten und Waren verarbeitet.

Aus der Handelsstatistik ergiebt sich demnach, dafs Deutschland seinen Bedarf an Roheisen für schmiedbares Eisen, sowohl Flufs- als Puddelroheisen, vollauf zu decken im stande ist, ja sogar einen Überschufs unter Umständen abgeben kann, dafs dagegen die Produktion von Giefsereiroheisen den Bedarf annähernd nur in Zeiten mäfsiger Nachfrage, aber nicht in Zeiten wirtschaftlichen Aufschwungs befriedigt. Deutschland ist insofern also, wie vor 1879, ein Roheisen importierendes Land.

Allerdings aber spielt das importierte Roheisen eine wesentlich geringere Rolle als 1878; denn, während die Einfuhr bis 1896 überhaupt nicht und seitden nur vorübergehend gestiegen ist, hat die Produktion das vierfache ihres damaligen Standes erreicht. Das fremde Roheisen deckte 1878 noch über 20 % des deutschen Bedarfs, im Jahrzehnt bis 1890 durchschnittlich 7 % und seitdem etwa 5 %.

Die Produktion Deutschlands stieg nämlich von 2148000 t i. J. 1878 auf — in 1000 t Roheisen

	1883	1888	1893	1898	1900
	3470	4337	4986	7313	8436
oder setzt man die Produktion des Jahres 1878 gleich 100, auf	162	202	232	340	393 %[1].

[1] Nach den Erhebungen des Reichsamts des Innern hatte 1897 die

Den gröfsten Anteil an dieser Entwicklung hat das Flufsroheisen. Es betrug nämlich die Produktion in 1000 t von

	Puddelroheisen	Giefsereiroheisen	Flufsroheisen
1878	1549 = 72,1 %	112 = 5,2 %	448 = 20,9 %
1883	2002 = 57,9 %	380 = 10,9 %	1072 = 30,9 %
1888	1898 = 43,7 %	628 = 14,5 %	1795 = 41,1 %
1893	1370 = 27,5 %	774 = 15,5 %	2832 = 56,8 %
1898	1173 = 16,3 %	1278 = 17,2 %	4850 = 66,4 %
1900	1613 = 19,1 %	1488 = 17,8 %	5322 = 63,1 %
Zunahme 1878—1900	64	1376	4874

Die Prozentziffern geben den Anteil jeder Eisensorte an der gesamten deutschen Produktion in jedem Jahre an. Die unbedeutenden Quantitäten Bruch- und Wascheisen, die noch hinzukommen, sind nicht mit aufgeführt[1].

Darnach hat sich die Produktion von Giefsereiroheisen ständig vergröfsert, — hauptsächlich in Westfalen, Schlesien, Lothringen und dem Harz. Die Technik ist vervollkommnet, aber nicht grundlegend umgestaltet worden (vgl. § 6).

Dagegen ist bei der Herstellung schmiedbaren Eisens seit 1878 eine völlige Revolution erfolgt. Die Tabelle beweist die von Jahr zu Jahr abnehmende Bedeutung des Puddelprozesses. Seit 1883 geht die Produktion von Puddelroheisen ununterbrochen zurück und erreicht 1898 ihren Tiefstand. Die Steigerung der Produktion in den Jahren 1899 und 1900 ist durch die stürmische Nachfrage veranlafst und nur vorübergehender Natur. — Am raschsten wurde das Schweifseisen bei der Schienenerzeugung verdrängt, sodann bei Draht. Länger widerstand es bei der Verwendung für den Brückenbau, für Dampfkessel und Schiffsbleche, wo Flufseisen lange für zu hart, spröde und nicht genügend widerstandsfähig galt. In Weifsblech giebt es eine leistungsfähige deutsche Industrie überhaupt erst seit der Anwendung des Flufseisens. Von grofser Bedeutung blieb der Puddelprozefs noch für die Fabrikation von Handelseisen, da jetzt noch viele Schmiede daran festhalten, nur Schweifseisen zu verarbeiten, und für Röhren.

Aus Schweifseisen wurden 1899 in 1000 t hergestellt:

Schienen	Draht	Bleche	Weifsblech	Handelseisen	Röhren
16	33	67	—	903	62
dagegen aus Flufseisen:					
792	480	773,5	34	2122	31[2]

deutsche Hochofenproduktion einen Wert von 327 Mill., die der Halbfabrikate — Rohschienen und Ingots — einen solchen von 443 Mill. Mark.

[1] Jahrbuch des OBA-Bezirks Dortmund 1900/1901, S. 590.

[2] Diese Ziffer ist sicher zu niedrig.

Im ganzen wurden 1878 aus Schweifseisen etwa vier Fünftel, 1899 nur noch ein Fünftel aller Fabrikate hergestellt. Gewisse Vorzüge werden ihm auch jetzt noch zuerkannt: es gilt als besonders leicht dehnbar und schweifsbar; seine Festigkeit ist zwar geringer, aber gleichmäfsiger.

Sehr verbreitet ist der Puddelprozefs nur noch im Siegerland, wo er sich wegen des hohen Eisen- und geringen Schlackengehaltes der Erze lohnt, und in Oberschlesien. Die schlesischen Kohlen eignen sich sehr gut für den Puddel-, dagegen nur schlecht für den Flufsprozefs, weil sie nicht tragfähig sind. Daneben haben die niedrigen Löhne und die Absatzverhältnisse den Puddelprozefs in Schlesien aufrecht erhalten; viel mehr als im Westen wird dort das Eisen an die Dorfschmiede verkauft, und diese verlangen noch immer zumeist Schweifseisen.

Die geschilderte Entwicklung hat Schlesiens Bedeutung innerhalb der deutschen Hüttenindustrie kaum Eintrag getan. Es wurden 1878 etwa 11 %, jetzt 10 % des deutschen Roheisens in Schlesien erblasen. Dagegen ist das Siegerland durch die Verbilligung des Eisens empfindlich geschädigt worden.

An Stelle des Puddelbetriebes tritt mehr und mehr der basische Prozefs.

Der entscheidende Schritt zu dem enormen Wachstum der deutschen Flufseisen- und damit überhaupt Hüttenindustrie geschah durch die Einführung der 1878 gemachten Erfindung des Engländers Thomas († 1884). Thomas — und Gilchrist — gelang es, den Phosphor, der das Eisen kaltbrüchig und so die Flufseisenerzeugung im Bessemerprozefs unmöglich gemacht hatte, dadurch zu entfernen, dafs er die Converterwand mit Dolomit ausfütterte und Kalk in den Converter zusetzte. Der Phosphor verbindet sich mit dem Kalk, geht in die Schlacke über und läfst sich vom Eisen trennen (Basischer Prozefs). Man erhält auf diese Weise aus jedem Erz völlig phosphorfreies Eisen. Die zuerst auf dem Pariser Kongrefs 1878 vorgetragene Entdeckung begegnete zunächst allgemeinem Mifstrauen, fand aber dann bald Eingang, zunächst bei Bolkow, Vaughan and Cie.; das grundlegende deutsche Patent (Nr. 12 700) erwarben die Erfinder am 10. April 1879[1]. Die Nachricht dieser Erfindung rief bereits in den Zolldebatten des Reichstags lebhafte Auseinandersetzungen hervor. Während v. Wedell-Malchow und Sonnemann sie gegen den Zoll ins Feld führten, sprach ihr Bamberger keine Bedeutung zu und Stumm meinte, sie werde die englische Konkurrenz noch verschärfen.

Der Thomasprozefs nahm von da an seinen Siegeslauf durch die Welt. Ganz besonders aber kam die Erfindung

[1] Beck, Geschichte des Eisens, Abteilung V, S. 635 fg.

Deutschland zu gute, daneben Belgien und Frankreich, weniger England und Nordamerika. Es betrug[1] nämlich das im basischen Converter und Hochofen erblasene Flufseisen in 1000 t:

in	1887	1893	1899
Deutschland	991	2875	5758
England	370	346	825
Nordamerika	—	750	2642
insgesamt auf der Erde	1755	4500	10164

Deutschland stellt also nur ein knappes Viertel alles Roheisens, aber fast $^{6}/_{10}$ des Thomaseisens her.

Der Grund hierfür ist in erster Linie Deutschlands grofser Reichtum an phosphorhaltigen Erzen, sein Mangel an phosphorfreien Erzen; es veranlafste dies die deutschen Eisenhüttenleute, das Verfahren mit aller Kraft aufzunehmen und fortzubilden. Nordamerika dagegen besitzt am Lake Superior einen so unerschöpflichen Vorrat an phosphorfreien, für den sauren Bessemerprozefs geeigneten Erzen, dafs die Anwendung des Thomasverfahrens sich erübrigt; erst neuerdings gewinnt es in den Südstaaten an Bedeutung. England schliefslich ist ebenfalls reicher an phosphorreinen Erzen; das aus Spanien bezogene Erz stellte sich aufserdem billiger als in Deutschland. Trotzdem ist es eigentümlich, dafs der Thomasprozefs so wenig Verbreitung in seinem Heimatland gefunden hat; es scheint, als wenn die englischen Eisenhüttenleute nicht die Anpassungsfähigkeit und Energie der deutschen besessen hätten, als wenn sich auch in diesen technischen Dingen der englische Konservativismus zeigte. — In Frankreich herrscht das Verfahren in den Departements Nord und Meurthe-et-Moselle, in Belgien ist es sehr verbreitet, dagegen nur wenig in Schweden, Spanien und Rufsland.

In Deutschland förderte Thomas' Erfindung vorzüglich die lothringische Eisenindustrie, wo sie die Benutzung der für die nächsten Jahrhunderte unerschöpflichen Minetteerze ermöglichte, die bis dahin für den Bessemerprozefs keine Verwendung hatten finden können. Ebenso machte sie die grofsen Ilseder Erzlager am Nordabhang des Harzes brauchbar, während sie Schlesien, dessen Erze zwar nicht sehr eisen-, aber auch meist nicht phosphorhaltig sind, weniger zu gute kam und dem Siegerland eher schadete. Auch für die Hüttenwerke der Ruhr wurde sie von gröfster Bedeutung;

[1] Nach einer auch mit anderen Angaben übereinstimmenden Schätzung in „Iron and Coal Trades Review“. Stahl und Eisen 1900, S. 1265.

zwar erschlossen sich hier nicht neue Fundstätten brauchbarer Erze, aber man konnte nunmehr die bei dem Puddelprozefs gewonnenen phosphorhaltigen Schlacken verwenden, die bisher als wertlos auf die Halden geschüttet waren. Die Schlacken standen den Hochöfen zunächst teils kostenlos, teils zu sehr geringen Preisen zur Verfügung.

Als ein anderer grofser Vorteil des Thomasprozesses stellte sich heraus, dafs die Schlacke, die im Converter bei der Verbindung des zu Phosphorsäure verbrannten Phosphors mit Kalk entsteht, in fein gemahlenem Zustand ein ausgezeichnetes Düngemittel ist (Thomasphosphatmehl)[1]. Zuerst 1884 bis 1886 von Hoyermann angewandt, wurde es in gröfserem Mafsstab vom Peiner Walzwerk hergestellt. Es eignet sich besonders für Sand- und Torf-, weniger für Lehmboden. Man kann Thomasmehl, das in den sog. Kugelmühlen sehr fein gemahlen und leicht löslich, d. h. von den Pflanzen leicht fafsbar sein mufs, zu Sommer- und Winterfrüchten, hauptsächlich zu Roggen, Gerste, Futterfrüchten und auch für Wiesen benutzen. Nach der Lösbarkeit der Phosphorsäure — sog. Citratlöslichkeit — richtet sich die Wirksamkeit des Düngemittels[2].

Der Verbrauch der deutschen Landwirtschaft an Thomasmehl beträgt jährlich etwa 900 000 t[3] und ist noch einer starken Steigerung fähig. Auch der Aufsenhandel ist nicht unbedeutend; einem durchschnittlichen Import von 90 000 t steht ein gröfserer Export von etwa 180 000 t gegenüber, der sich nach Holland, Belgien, Italien, Frankreich, Österreich und der Schweiz richtet.

Wedding[4] sagt daher mit Recht von Thomas: „Kaum je hat ein anderer Erfinder uns in Deutschland so viel genützt und seinem Vaterlande so sehr geschadet.“ —

Ganz erheblich hat dem gegenüber an Bedeutung der saure Bessemerprozefs verloren. Während 1883 noch etwa 57 % alles Flufsroheisens Bessemerroheisen war, sank sein Anteil bis 1889 auf 22 %, bis 1896 auf 14 % und bis 1900 auf 10 %. Es wurden 1900 etwa 496 000 t[5] produziert.

Von den deutschen Erzen eignen sich für den sauren Bessemerprozefs nur Siegerländer Weifsstrahl und Osnabrücker Spiegeleisen, im ganzen nur etwa 10 %. Soweit er noch stattfindet — im Westen in Osnabrück, Bochum und Essen, im Osten in Königshütte — stützt er sich auf das Verschmelzen ausländischer, insbesondere spanischer und schwedischer Erze.

---

1 Beck, Geschichte des Eisens, V. Abt., S. 692 fg.
2 Angaben von Prof. Märker-Halle in „Stahl und Eisen“ 1895, S. 290.
3 Mentzel und v. Lengerkes landwirtschaftl. Kalender 1902, S. 62.
4 Wedding, Das Eisenhüttenwesen, S. 73.
5 Dortmunder Jahrbuch 1900/1901, S. 593.

Grofse Fortschritte hat dagegen der Siemens-Martinprozefs gemacht, hauptsächlich im basischen Herdofen. Da man den Vorgang im offenen Flammofen genau beaufsichtigen kann, erhält man ein gleichmäfsiges Material für solche Artikel, auf deren Haltbarkeit und Gleichmäfsigkeit es besonders ankommt, wie Dampfkessel[1]. Ein weiterer Vorteil des Verfahrens ist die Möglichkeit, die Abfälle von schmiedbaren Eisen — sog. Schrott — durch Zusammenschmelzen mit Roheisen zu verwenden, von besonderer Bedeutung für den Verkauf alter Schienen. Es werden im Siemens-Martinprozefs jährlich etwa 1½ Million t Flufseisen erblasen.

Es kann nicht Aufgabe dieser Arbeit sein, auch die anderen Verfahren, wie den reinen Siemens-, den Cementprozefs in ihrer Entwicklung darzustellen, ebensowenig wie die Verschiebungen in den Verhältnissen der einzelnen Hüttendistrikte seit 1879.

Mit Holzkohlen betriebene Hochöfen schliefslich finden sich nur noch an zwei Punkten Schlesiens, Bruschik und Wzinsko, sowie in der Nähe Kölns und in der Lausitz. Das Eisen ist wertvoller und kostet etwa das zweifache des Koksroheisens.

§ 4. Der Zoll auf schmiedbares Roheisen und die Erfindung des Thomas.

Die Einführung der Schutzzölle und der Erfindung von Thomas und Gilchrist fällt in dasselbe Jahr 1879. Seit eben dieser Zeit beginnt der durch ungünstige Wirtschaftsperioden nur vorübergehend gestörte Aufschwung unserer Hüttenindustrie. Jenes Zusammentreffen erschwert es der historischen Betrachtung, die Wirkungen des Zolls und der Erfindung von Thomas und Gilchrist auseinander zu halten.

Der Gewinn einer industriellen Unternehmung kann wachsen entweder durch ein Steigen der Preise des Produkts oder durch eine Verminderung der Erzeugungskosten. Der Schutzzoll bewirkt ein Steigen der Preise; wenn auf ihn der Aufschwung der deutschen Hüttenindustrie zurückzuführen wäre, so müfste sich dies zuvörderst in einer Preiserhöhung nach der Zollreform zeigen. Die Tabelle enthält die Preise von Bessemer-, Thomas- und Puddelroheisen zur Zeit der Enquete und seit 1879.

Es kostete darnach das Roheisen in Mark pro Tonne[2]:

[1] Wedding a. a. O. S. 86.

[2] Nach den Angaben in den Vierteljahrsheften zur Statistik des Deutschen Reichs 1897, Heft I. — Statistisches Jahrbuch 1901.

im Jahre	Bessemer-Dortmund	Thomas-Westfalen	Puddeleisen Breslau (Qualitäts-)	Puddeleisen Nr. 1 Dortmund (Qualitäts-)	Puddeleisen Nr. 1 Düsseldorf (Qualitäts-)
der Enquete	62,5—69	—	52,10	54—60	—
1879	64,2	—	51,7	53,2	56,1
1880	78,7	—	66,8	68,7	—
1881	69,3	—	55,9	57,4	59,0
1882	70,1	—	66,1	65,0	64,6
1883	60,6	48,8	57,8	57,6	57,6
1884	53,1	43,9	54,5	50,4	50,0
1885	45,8	41,3	48,3	44,2	44,5
1886	42,6	39,0	43,5	41,0	40,9
1887	49,0	43,2	49,5	46,6	46,7
1888	52,7	45,3	52,0	50,5	50,9
1889	65,9	54,8	58,5	64,5	65,3
1890	79,8	61,0	66,6	70,0	77,5
1891	62,1	49,5	48,2	52,1	52,8
1892	57,8	49,3	48,9	50,5	51,4
1893	52,0	45,5	50,2	46,7	46,3
1894	52,0	45,2	49,3	45,6	45,3
1895	52,0	45,6	48,3	47,0	44,7
1896	59,0	52,8	57,9	52,4	54,4
1897	63,4	57,5	61,3	57,4	58,5
1898	63,5	57,0	59,7	58,0	58,9
1899	65,4	58,5	72,1	59,5	69,0
1900	86,7	78,0	—	74,3	88,8

Eine Vergleichung der Preise nach 1879 mit denen der Enquete stöfst nun aber auf erhebliche Schwierigkeiten.

Der Puddel- und der saure Bessemerprozefs nahmen mit jedem Jahre an Bedeutung sehr erheblich ab, der Bessemerprozess besonders seit 1882. Die Entwicklung der Preise von Puddel- und Bessemerroheisen ist daher etwa von 1883 an ziemlich belanglos für das Wohlergehen der deutschen Hüttenindustrie, jedenfalls nicht mehr entfernt so wichtig wie vor 1879. Thomasroheisen aber, das seit etwa 1883 die Hauptrolle spielt, wurde vor 1879 noch nicht hergestellt.

Man mufs daher die Produkte des sauren und des basischen Prozesses vergleichen. Das unterläge für die fertigen Flufseisenblöcke auch kaum Bedenken, da Thomasflufseisen für die meisten Zwecke, insbesondere für Schienen, Draht, Bleche, Träger mindestens so gut verwendbar ist wie Bessemereisen. Aber nicht durchaus vergleichbar sind Thomas- und

Bessemerroheisen. Denn das Thomasroheisen mufs erst im Converter dem Entphosphorungsverfahren unterworfen werden. Das erfordert gegenüber dem sauren Prozefs noch Kalkzuschläge, die basische Ausfütterung des Converters, sowie gröfsere Reparaturen und Löhne[1]. Die Böden müssen nach etwa 20 Hitzen, das Futter nach 100—120 Hitzen erneuert werden. Thomasroheisen steht also noch auf einer niedrigeren Stufe des Produktionsprozesses und hat einen geringeren Wert als das Bessemerroheisen. Da die fertigen Flufseisenblöcke aber nicht gehandelt werden und demzufolge keinen Marktpreis haben, ist man doch genötigt, die Preise des Thomasroheisens mit denen des Bessemerroheisens zur Zeit der Enquete zu vergleichen. Dann mufs man aber zu dem Preise des Thomasroheisens noch die besonderen Kosten des Umwandlungsverfahrens in fertige Blöcke hinzurechnen, die das Thomas-, nicht aber das Bessemerroheisen hervorruft.

Seit 1882 haben sich die Kosten des Entphosphorungsverfahrens verringert. Wedding[2] gibt sie für 1883 auf 4,60 Mk. pro Tonne Flufseisenblöcke an[3]. Das gibt reduziert auf eine Tonne Roheisen knapp 4 Mk.[4]. Dazu kommen noch die Abgaben an die Patentinhaber mit durchschnittlich 3,50 Mk. pro Tonne, auf Roheisen reduziert knapp 3 Mk. Die gröfsten Werke haben sich durch einmalige Zahlungen losgekauft[5]. — Es gibt dies zusammen 7 Mk. bis höchstens 8 Mk. pro Tonne, die anfangs der 1880er Jahre dem Preise des Thomasroheisens bei der Vergleichung mit Bessemerroheisen hinzuzurechnen sind.

Für die letzten Jahre gibt Thiel-Kaiserslautern wesentlich geringere Sätze an[6], nämlich etwa 3,20 Mk. pro Tonne Roheisen. — Ferner sind von 1894 an die Patentabgaben fortgefallen, so dafs seitdem nur noch 3—4 Mk. Mehrkosten entstehen. —

---

[1] Wedding, Der basische Bessemer- oder Thomasprozefs 1884, S. 190 fg.

[2] Ebenda S. 192.

[3] Wedding berechnet als Umwandelungskosten für Zuschlagskalk 0,25—2,5 Mk., für basisches Futter 3,32—4 Mk. pro t Roheisen, an Reparaturkosten ferner 2—2,30 Mk., an Löhnen 3,80—4,50 Mk. Er nimmt einen Abbrand von 15% an und gelangt auf 66,50—67,97 Mk. Kosten des Thomasflufseisenblocks, für harte Nummern wegen des hohen Spiegeleisenzusatzes 71,70—75,70 Mk.

[4] Das Abbrandverhältnis ist ebenfalls zu 15% angenommen.

[5] Die Laurahütte und oberschlesische Eisenbahnbedarfsgesellschaft mit je 150000 Mk., Phönixwerk und Hütte „Gute Hoffnung" mit je 350000 Mk., Bochum und Union mit je 400000 Mk. (Wedding a. a. O.)

[6] Thiel berechnet pro t Flufseisen: Dolomit 1 Mk., Teer 0,20 Mk, Kalk 2,25 Mk., die Löhne, die zur Herstellung des Futters nötig sind, das bei einer Produktion von 1 t Roheisen verbraucht wird: 0,20 Mk. Dabei ist angenommen, dafs man zur Herstellung von 700 t Flufseisen 765 t Roheisen braucht. (Stahl und Eisen 1901, S. 1037 fg.)

Vergleicht man unter Berücksichtigung dieser Kosten die Preise des Thomasroheisens seit 1883[1] mit denen des Bessemerroheisens in der Enquete, so ergeben sich für 1883 12—13 Mk., für 1886 sogar etwa 20 Mk. weniger. Gerade in diesen Jahren aber fand der Thomasprozefs die gröfste Verbreitung. Auch in den anerkannt guten Jahren 1888 und 1889 blieben die Preise noch um 13 bezw. 5 Mk. unter denen der Enquete; 1890 stellten sie sich infolge der stürmischen Nachfrage gleich. Anfangs der 1890er Jahre ist die Differenz zu ungunsten des Thomasroheisens wieder über 12 Mk. und in den Zeiten wirtschaftlichen Aufschwungs von 1896 an noch immer etwa 6 Mk. Erst 1898 kommt der Preis dem der Enquete fast gleich, überholt ihn dann 1899 oder 1900[2].

In Bessemerroheisen blieben die Preise der Enquete bis 1883 unverändert. Dann sanken sie auch, standen aber immer zwischen 3 und 15 Mk. über denen des Thomasroheisens. Die Preise der Enquete wurden 1889—1891 und nach einem wesentlich tieferen Stande von 1892 — 1896 wieder im Jahre 1897 erreicht. In den letzten Jahren kostete auch Bessemerroheisen wesentlich mehr als vor 1879.

Die Preise des Puddelroheisens endlich waren 1880 und 1882 erheblich höher als zur Zeit der Enquete, standen dann aber von 1884 – 1888 wesentlich tiefer und erreichten die Enquetepreise nur vorübergehend 1889—1891. Nach einem Tiefstand von 1891—1895 stehen sie ihnen seit 1896 wieder gleich und überholen sie i. J. 1899. Die Entwicklung ist für die drei aufgeführten Sorten schlesisches und rheinisch-westfälisches Eisen im ganzen gleichmäfsig verlaufen.

Nach alledem haben die Preise von Roheisen für schmiedbares Eisen nicht höher gestanden, als die allgemein als sehr ungünstig bezeichneten Preise zur Zeit der Enquete, sogar grofsenteils niedriger. Wenn gleichwohl die Einfuhr zurückgegangen ist, und die Hüttenindustrie sich glänzend entwickelt hat, so kann das nicht auf den Zoll, sondern mufs auf die Verbilligung der Produktion durch die Erfindung des Thomas zurückgeführt werden.

Die Verbilligung ist tatsächlich sehr grofs gewesen. In den Minetteerzen Lothringens mit einem Phosphorgehalt von etwa 2½ % stand den Hüttenwerken ein überaus billiges Material zur Verfügung. Die Erze sind verhältnismäfsig leicht gewinnbar und waren zu sehr niedrigen Preisen zu kaufen. Ein grofser Teil der Hüttenwerke hatte eigene Erzlager billig erworben. Schilling gibt an[3], dafs das lothringi-

---

[1] Erst seit 1883 finden regelmäfsige Preisnotierungen statt.

[2] Die Notierungen in „Stahl und Eisen“ geben für 1899 an: Bessemerroheisen 84,50 Mk., Thomasroheisen 70,30 Mk. — Die schlesischen Werke arbeiten nur für den eigenen Bedarf.

[3] Stahl und Eisen 1895, S. 107 fg.

sche Hüttenwerk Düdelingen an Fracht für Kohlen und Erze zusammen nur 9,42 Mk. bezahlt; die Werke an der Saar bezahlten wegen des Transportes von Lothringen aus etwa 4 Mk. mehr.

Noch günstiger waren die Voraussetzungen für den Thomasprozeſs in Ilsede, verbunden mit dem Peiner Walzwerk in Braunschweig-Hannover; auch hier wurde der Fluſsprozeſs erst durch die Erfindung von Thomas ermöglicht. Neben den Erzen mit $2^1/_2$—3 % Phosphorgehalt[1] finden sich kalkige Zuschlagerze. Das Ausbringen des Möllers beträgt 36 % gegenüber 32 % in Westfalen. Das Ilseder Werk hatte die früher ziemlich wertlosen Erzlager sehr billig erworben, und da die Erze leicht zu gewinnen sind, stellt sich die Tonne Erz im Hochofen auf kaum 3 Mk. Ilsede hat damit wohl überhaupt die niedrigsten Produktionskosten auf der Erde. Sie betragen nach den eigenen Angaben seiner Leiter[2] zwischen 23 und 29 Mk. pro t Roheisen, — ohne Generalunkosten.

Auch Rheinland - Westfalen erzielte infolge des teilweisen Ersatzes spanischer Erze durch die billigen Rasenerze und die bisher fast wertlosen Puddelschlacken mit 3—6 % Phosphorgehalt groſse Ersparnisse. Anfangs waren die Puddelschlacken überhaupt kostenlos oder doch für nur etwa 3 Mk. pro t zu haben. Der Preis stieg allerdings zwischen 1883 und 1886 auf 4—8 Mk, später noch höher bis auf 12Mk. Infolge der hohen Transportkosten für lothringische Erze blieb zwar der Bezug spanischer — später auch schwedischer — Erze erforderlich, doch nicht mehr im gleich groſsen Umfange im Verhältnis zur wachsenden Produktion.

Die Beschaffungskosten von Erzen und Schlacken zusammen im Hochofen stellten sich im ersten Decennium nach dem Zoll darnach auf etwa 15—20 Mk. für Rheinland-Westfalen. Das bedeutete gegenüber den 28 Mk., die man zur Zeit der Enquete auf die Erze rechnen muſste, eine Ersparnis von ungefähr 10 Mk.[3].

Ebenso brachte die Verwendung der aufgehäuften Puddelschlacken den schlesischen Hüttenwerken eine wesentliche Ersparnis, die sich allerdings kaum herausrechnen läſst, um so mehr, als die Minderwertigkeit der schlesischen Erze nach wie vor einen starken Bezug ausländischer, in wachsendem Maſse schwedischer Erze notwendig macht.

---

[1] Nach Wedding a. a. O. S. 91 haben mit Vorteil verarbeitete Roheisensorten niemals über 3 % Phosphorgehalt, regelmäſsig 2—$2^1/_2$ %, selten unter 1,5 %, niemals unter 1,2 %.

[2] Stahl und Eisen z. B. 1884, S. 499, 1888, S. 367.

[3] Nach den Angaben der westfälischen und lothringischen Hüttenwerke in dem Streit 1895 über die Ermäſsigung der Erztarife. „Stahl und Eisen“, 1895, S. 963 fg., 1896, S. 125, ferner 1895, S. 107 fg.

Auch das Thomasphosphatmehl steigerte die Erträge wesentlich. Es unterlag erheblichen Preisschwankungen; 1886 war es zunächst sehr billig, wurde dann aber 1890 im Preise gesteigert[1]. Der Wert der gemahlenen Schlacke ist auf etwa 22—30 Mk. pro t anzusetzen[2], was aber nur den Hüttenwerken zu gute kommt, die die Schlacken selbst vermahlen. Auf 1000 kg Roheisen kann man etwa 280 kg gewonnene Schlacke rechnen, mit einem Werte von 5—10 Mk.[3]. Z. B. werden für 1895 7,50—8,60 Mk. angegeben[4].

Dem steht wieder gegenüber, dafs der basische teuerer ist als der saure Bessemerprozefs, und zwar um 6—7 Mk. einschliefslich der Patentabgaben. Immerhin kann man die allein durch Thomas' Erfindung ermöglichte Verminderung der Selbstkosten Mitte der 1880er Jahre in Rheinland-Westfalen auf mindestens 10 Mk. berechnen. Für die lothringischen, Saar- und Ilseder Werke war der Thomasprozefs überhaupt die Voraussetzung der Flufseisenproduktion und damit der Rentabilität.

Durch diesen Vorgang wurde aber zugleich Englands Konkurrenz in Flufseisen im wesentlichen beseitigt; denn diese beruhte ja vorzüglich auf der billigeren Beschaffung der für den Bessemerprozefs erforderlichen phosphorfreien Erze. Soweit es aber noch einen Vorsprung besafs, wurde er durch den kostspieligeren Transport zu den im Binnenlande gelegenen deutschen Walzwerken mindestens ausgeglichen (vgl. eingehendere Angaben § 17).

Die Beseitigung der englischen Konkurrenz auf dem deutschen Markte und der gleichzeitige Aufschwung der deutschen Hüttenindustrie sind daher im wesentlichen nicht dem Zoll, sondern der Erfindung von Thomas und Gilchrist zuzuschreiben, — und zwar um deswillen, weil nach 1879 nicht die Preise gestiegen, sondern die Produktionskosten gesunken sind. Höchstens hat der Zoll in der Übergangszeit bis zur vollen Entwicklung des Thomasprozesses einen „Schutz" gewährt. —

Aus der Tabelle ersieht man ferner, dafs die Preise bis 1887/88 auch nicht absolut hoch waren und kaum die Produktionskosten überschritten. Der Durchschnitt der Preise von Bessemerroheisen in Westfalen von 1881—1888 war 55,40 Mk., also einschliefslich der ungewöhnlichen hohen Preise von 1881 und 1882. Nur das ganz anormale Jahr 1880 bleibt aufser Betracht. Thomasroheisen kostete von 1883—1888 durchschnittlich 43,60 Mk. Dagegen waren die

---

1 Vgl. § 6.
2 Einheitswert der Ein- und Ausfuhrstatistik 1898.
3 Ballod in den Schriften des Vereins für Socialpolitik Bd. 91, S. 185.
4 „Stahl und Eisen" 1895, S. 963 fg.

Preise im zweiten Jahrzehnt, auch nach der Krise des Jahres 1890, ziemlich hoch. Der Durchschnitt beträgt von 1891—1898, also ohne die ungewöhnlich günstigen Jahre 1899 und 1900, bei Bessemerroheisen 57,50 Mk., bei Thomasroheisen 50,40 Mk. Zwar bei Bessemerroheisen ist die Preissteigerung in den 1890er Jahren zu klein, um Schlüsse daraus ziehen zu können, erheblich dagegen ist sie bei Thomasroheisen, um so mehr, als man erwägen mufs, dafs seit 1894 durch den Fortfall der Patentabgaben die Produktionskosten noch um 3 Mk. gesunken sind.

Diese Differenz zwischen den 1880er und 1890er Jahren erklärt sich aus den Mafsregeln der Roheisensyndikate, die 1887 in Rheinland-Westfalen und ungefähr zu derselben Zeit in Luxemburg-Lothringen gegründet wurden. Die Beschränkung des ausländisches Angebotes durch den Zoll genügte nicht, um die Preise hoch zu halten, es mufste vielmehr noch die Beschränkung des inländischen durch Kartelle hinzukommen; erst in Verbindung mit diesen konnte der Zoll bewirken, dafs die Preise dauernd über den Produktionskosten standen.

Im Anschlufs hieran erheben sich die weiteren Fragen: Wie hoch ist der Überschufs der Preise über die Produktionskosten, und wonach haben sich die Preise überhaupt gerichtet? Hätten die Kartelle auch ohne den Zollschutz die Preise heben können, oder war vielmehr der Zoll die notwendige Voraussetzung ihrer Begründung und Wirksamkeit? Diese Fragen können aber erst beantwortet werden, nachdem die Veränderungen der Produktionskosten dargelegt und auch die übrigen Faktoren der Preisbildung festgestellt sind (§ 6 und § 7). —

Puddelroheisen stand, wie in § 2 festgestellt wurde, überhaupt nur indirekt unter dem Einflufs der ausländischen Konkurrenz, soweit diese nämlich das Flufsroheisen betraf, wurde daher auch von dem Zoll nur mittelbar berührt. Da nun der Zoll in den 1880er Jahren, in denen die Schweifseisenproduktion noch bedeutend war, auf die Industrie von Flufsroheisen keine wesentliche Wirkung ausübte, beeinflufste er auch nicht mittelbar das Puddelroheisen. Die Verdrängung des Puddel- durch das Flufseisen hat in Deutschland der Thomasprozefs natürlich sehr beschleunigt. —

Die Einfuhr des hauptsächlich mit Holzkohlen erblasenen schwedischen Roheisens schliefslich ist durch den Zoll nicht gehindert worden, betrug vielmehr im Durchschnitt des Jahrfünftes:

1880—1885:	20 500 t	1890—1895:	66 000 t
1885—1890:	44 400 t	1895—1900:	112 000 t;

sie nimmt darnach beständig zu.

Durch die auf Seite 7 angeführten vorzüglichen Eigenschaften ist das schwedische Eisen noch immer für Hufnägel und Werkzeugstahl fast unentbehrlich. Deutschlands gröfste Hufnagelfabrik in Eberswalde bezieht nach den Angaben ihres Direktors[1] weiterhin schwedisches Roheisen, obgleich es 100 Mk. teuerer sei, als etwa Peiner Flufseisen; es enthalte aber weniger Mangan und Schwefel und sei daher bei gleicher Zähigkeit weicher. — Von anderer Seite wird das allerdings bestritten. — Jedenfalls ist der Versuch, Deutschland vom Bezug schwedischen Roheisens unabhängig zu machen, als mifslungen anzusehen.

§ 5. Der Zoll auf Giefsereiroheisen.

Von gröfserer Bedeutung war der Zoll für Giefsereiroheisen; er richtete seine Wirkung vornehmlich gegen England.

Es kostete das Giefsereiroheisen in Mark pro Tonne:

im Jahr	schottisches Nr. 1 Hamburg verzollt	Düsseldorf deutsches Nr. 1 (westfälisches)	schottisches teuerer als deutsches	englisches Middlesbro Nr. 3. Hamburg verzollt.	schlesisches Breslau Nr. 3.	englisches teuerer als schlesisches	deutsches Dortmund Nr. 3.	luxemburger Nr. 3. Düsseldorf
der Enquete	—	58—65		—	55,6	—	—	—
1879	70,4	62,6	7,8	55,6	56,8	—1,2	—	—
1880	84,6	—	—	71,1	72,9	—1,8	—	—
1881	76,1	73,3	2,8	64,9	62,3	+2,6	—	—
1882	82,9	75,0	7,9	67,3	69,5	—2,2	—	—
1883	80,2	72,9	7,3	62,9	63,6	—0,7	—	—
1884	76,0	65,7	10,3	58,5	60,3	—1,8	—	—
1885	71,5	58,4	13,1	53,4	56,5	—3,1	—	—
1886	65,9	51,9	14,0	50,9	51,3	—0,4	—	—
1887	69,2	54,9	14,3	57,0	54,2	+2,8	—	40,0
1888	67,0	57,4	9,6	56,3	58,0	—1,7	52,0	42,5
1889	80,2	70,8	9,4	66,3	65,0	+1,3	63,8	—
1890	89,1	83,6	5,5	71,8	74,4	—2,6	67,2	—
1891	80,5	71,2	8,7	61,5	54,8	+6,7	60,0	49,0
1892	70,3	65,5	4,8	58,7	52,6	+6,1	56,6	47,8
1893	68,5	62,0	6,5	55,0	52,5	+2,5	53,8	44,0
1894	72,3	62,8	9,5	55,7	50,3	+5,4	53,7	44,0
1895	70,0	63,7	6,3	55,5	49,2	+6,3	54,7	46,0
1896	69,6	65,3	4,3	58,0	57,5	+0,5	57,5	50,0
1897	69,9	67,0	2,0	60,5	61,7	—1,2	60,0	—
1898	71,4	67,3	4,1	—	61,6	—	60,5	—
1899	92,4	81,6	10,8	—	75,5	—	75,7	—
1900	105,1	101,4	3,7	—	90,7	—	—	—

Die Tabelle bringt eine Vergleichung zwischen 1. erstklassigem deutschen (Düsseldorf) und schottischen, 2. ordinärem englischen (3. Qualität) und deutschen Giefsereiroheisen und

[1] „Stahl und Eisen“ 1889, S. 177.

zwar schlesischem, westfälischem und luxemburger. Die Notierungen sind der Reichsstatistik [1], und für Westfalen der Zeitschrift „Stahl und Eisen" [2] entnommen. In mittleren Qualitäten findet ein englischer Import kaum statt.

Für beide Eisensorten sind zwei Fragen aufzuwerfen: 1. War Deutschland auch nach wie vor dem Inkrafttreten des Zolles von englischen Preisen abhängig und inwieweit? 2. Hat der Zoll die deutschen Preise erhöht?

I. Aus Spalte 3 ersieht man zunächst, dafs die Preise von bestem deutschen Giefsereiroheisen immer wesentlich niedriger gestanden haben, als die des ihm etwa ebenbürtigen schottischen. In acht — meist Depressions- — Jahren ist der Unterschied gröfser oder gleich 10 Mk., dem Betrage des Zolles; in den anderen Jahren ist das schottische nur durch den Zoll teuerer. Am nächsten kamen sich die Preise in den wirtschaftlich günstigen Jahren 1881, 1890, 1896—1900. Ein Zusammenhang der Preisschwankungen läfst sich kaum erkennen, was die auch sonst gemeldete Tatsache bestätigt, dafs erstklassiges Eisen aus Grofsbritannien auf den deutschen Markt nur mehr in geringem Umfange kommt; das geht zwar nicht aus den Ziffern der — die Eisensorten nicht scheidenden — Handelsstatistik, wohl aber aus den Handelskammerberichten hervor.

Ferner erkennt man, dafs die deutschen Preise wiederholt wesentlich höher waren, als zur Zeit der Enquete, zunächst 1880—1884, also noch über die Zeit des kurzen Aufschwungs hinaus, sowie 1889—1891 und seit 1897. In den ungünstigen Jahren 1885—1887, auch noch 1888 standen sie allerdings niedriger als zur Zeit der Enquete, von 1892—1896 ungefähr gleich hoch. Der Durchschnittspreis des Decenniums 1880—1890 war 66,40 Mk., des Decenniums 1890—1900 70,80 Mk., also höher als der in der Enquete angegebene Preis.

Die drei Erscheinungen: Höherer Stand der englischen als der deutschen Preise, Rückgang der Einfuhr und im ganzen Steigen der deutschen Preise deuten auf eine Einwirkung des Zolls hin. Er gab dem deutschen Eisen einen Preisvorsprung auf dem heimischen Markt, besonders in wirtschaftlich schwachen Zeiten, weniger in guten Jahren. Preisstürze in schlechten Zeiten vermochte er nicht zu verhindern.

II. Die Verschiedenheit der Märkte beeinträchtigt sehr den Wert der Preisvergleichung von Giefsereiroheisen geringerer Qualität, dem hauptsächlichen Exportartikel Englands, da infolge der ungleichen Transportkosten die Konkurrenz in den einzelnen Absatzgebieten sehr verschieden ist. Gering ist

[1] Vierteljahrshefte 1896, Heft I. — Jahrbuch für 1901.

[2] Zusammengefafst im Dortmunder Jahrbuch S 595.

der Wettbewerb zwischen englischem und luxemburger Eisen, da das englische in des letzteren Absatzgebiet, den Westen, kaum hingelangt. Mit dem westfälischen kämpft es dagegen um den nordwestlichen, mit dem schlesischen um den nordostdeutschen Markt, im Norden aufserdem in neuerer Zeit mit Ilsede, dessen Preisnotierungen aber fehlen. Für den östlichen Hauptmarkt Berlin kann man die Frachtkosten von Hamburg und von Breslau aus ungefähr als gleich annehmen, während beide ein Teil niedriger sind als die Westfalens wegen des Mangels an west-östlichen Wasserstrafsen durch Mitteldeutschland. Die Tabelle ergibt daher für die Bemessung der jeweiligen Konkurrenz Englands und Deutschlands keine einwandsfreien Resultate.

Immerhin ist so viel klar, dafs zwischen englischem und schlesischem Eisen ein ziemlich weitgehender Parallelismus besteht. Ihre Preisdifferenzen überschreiten im Jahrzehent 1880—1890 fast nie 3 Mk. 1891—1895 ist schlesisches (deutsches) Eisen um etwa 5 Mk. billiger, doch findet 1896 wieder ein Ausgleich statt. Die — allerdings einer anderen Quelle entnommenen — westfälischen Preise loco Dortmund sind bis 1890 um einige Mark niedriger, von da an den schlesischen ungefähr gleich. Luxemburger Roheisen endlich steht regelmäfsig etwa 10 Mk. unter dem westfälischen Preis; es ist von geringerer Qualität. —

Was diese Zahlen andeuten, bestätigen die Handelskammerberichte, besonders Berlins, und die Monats-, bezw. Vierteljahrsberichte von „Stahl und Eisen“: die Fortdauer der Abhängigkeit des deutschen Marktes in Giefsereiroheisen Nr. 3 von den englischen Preisen. Nimmt man hinzu, dafs der Import dieses Eisens aus England wohl in den ersten Jahren, aber im ganzen Durchschnitt kaum erheblich abgenommen hat, so möchte man zunächst dem Zoll keinen wesentlichen Erfolg zuschreiben. Dabei bliebe aber unberücksichtigt einmal die Steigerung der Produktion auf das sechsfache — vgl. § 3 —, sodann der Umstand, dafs ohne den Zoll sich englisches Roheisen um weitere 10 Mk. billiger gestellt haben würde. Da der Export Englands sich leicht steigern liefs und die Gründe seiner Überlegenheit nur teilweise in Fortfall kamen, wäre dann die Deckung des wachsenden Bedarfs unserer Giefsereien wahrscheinlich dem erheblich billigeren englischen Eisen statt, wie es geschehen ist, dem deutschen zugefallen. Schon allein, indem der Zoll durch die Verteuerung des englischen Eisens der deutschen Hüttenindustrie diese Vergröfserung des Absatzes sicherte, war er ihr von Nutzen.

Ferner sind aber auch im ganzen die deutschen Preise gegenüber denen der Enquete gestiegen, zunächst erheblich bis 1883 und sodann wieder 1889/90. Von 1884—1888 und

1892—1896 standen sie ungefähr so hoch, wie zur Zeit der Enquete. Der Preis stieg von 1897 an wieder erheblich. Er war also in den Depressionszeiten dem der Enquete gleich und in den guten Zeiten höher. Der durchschnittliche Preis in Schlesien von 1880—1890 war 62,50 Mk., der des zweiten Jahrzehnts 60,60 Mk., also höher als 1877/78. — Es ist nicht wahrscheinlich, daſs dieses Resultat, sowie die gleichzeitige Vermehrung der Produktion bei der Stärke der englischen Exportindustrie auch ohne den Zoll erreicht worden wäre. —

Darnach ist der Einfluſs des Zolles auf Qualitäts-Gieſsereiroheisen etwa, wie folgt, zu bestimmen:

Bei gleichzeitiger Preiserhöhung des deutschen und englischen bezw. schottischen Eisens hat er die deutsche Produktion gefördert und dazu beigetragen, den Import aus Groſsbritannien zu verdrängen.

Dagegen für ordinäres Gieſsereiroheisen: Ohne erhebliche Zurückdrängung der englischen Einfuhr hat er die deutschen Hüttenwerke dadurch gefördert, daſs er ihnen die Möglickeit gab, den wachsenden Bedarf Deutschlands durch Produktionsvermehrung bei wiederholt erhöhten Preisen zu decken. Die Abhängigkeit von den englischen Preisen hat er nur teilweise abgeschwächt, eine denkbare weitere Verschärfung aber verhindert. —

Nun war der Zoll aber als Erziehungszoll — bei Gieſsereiroheisen — gedacht: das Mittel sollte die Preiserhöhung, das Ziel eine Verminderung der Produktionskosten sein. Es ist daher zu untersuchen: Ist es gelungen, die Produktionskosten herabzusetzen? und durch welche Veränderungen? im Zusammenhang mit den weiteren Fragen: 1. ob dies unter dem Schutz der durch den Zoll erhöhten Preise geschehen ist, und 2. ob die durchgeführte Kostenverminderung von einer Preisminderung begleitet gewesen ist?

Die Entwicklung der Betriebskosten und damit überhaupt der Betriebe kann nicht für Guſseisen isoliert, sondern muſs für die Hüttenindustrie insgesamt behandelt werden. Da eine Geschichte der Eisenindustrie hier nicht gegeben werden soll, so werden alle Produktionsverbesserungen nicht als solche beschrieben und betrachtet, sondern nur als Mittel zur Herabsetzung der Produktionskosten. Dabei werden natürlich zugleich etwaige Erhöhungen derselben erörtert.

§ 6. **Entwicklung der Produktionskosten von 1879—1900.**

Die Verringerung der Erzeugungskosten läſst sich nach folgenden Richtungen hin zusammenfassen:

1. Billigere Gewinnung und Herbeischaffung der Rohmaterialien.
2. Gröſsere Ausnutzung derselben.

3. Gewinnung von Nebenerzeugnissen.
4. Verbilligung der Arbeitskraft.
5. Verbesserung der Organisation des Betriebes.
6. Verbesserung der Absatzbedingungen.

I. Bei den Erzen zunächst steht die schon eingehend besprochene Erfindung des Thomas im Vordergrund, durch welche die phosphorhaltigen Erze Lothringens und des Harzes verwertbar wurden. Der Aufschwung der lothringischen und Ilseder Hüttenindustrie insbesondere, sowie die ganz Deutschland zugute kommenden Vorteile sollen hier nicht nochmals aufgeführt werden. — Von einer Preisverschiebung der Erze kann man bei Ilsede nicht sprechen, da alles dort gefundene Erz dem Hüttenwerk gehört, und nichts zum Verkauf kommt. Dagegen sind die Preise der lothringischen Erze nicht unwesentlich gestiegen. Allerdings besitzen auch hier die meisten Hüttenwerke ihre eigenen Erzgruben, ebenso wie viele westfälische Werke. Diese haben sie meist zu einer Zeit erworben, als die Erze noch billiger waren.

Im Siegerland hat sich eine Koalition von Erzgrubenbesitzern zur Verhütung von Preisunterbietungen gebildet. Das Ziel ist meist nur in Zeiten lebhafter Nachfrage erreicht worden. So wurden die Preise von geröstetem Spateisenstein anfangs 1890 und Ende 1900 auf 20 Mk. pro t gesteigert, im Dezember 1893 standen sie dagegen nur auf 9,50 Mk.[1]. Von einer Änderung in den Preisen der schlesischen, westfälischen und übrigen Erze endlich ist mir nichts bekannt geworden.

Die Gewinnungskosten der Erze wurden kaum geringer, da die technischen Verbesserungen im Bergwerksbetrieb nicht wesentlich sind. In Lothringen ist im Gegenteil der Abbau der Erze allmählich etwas teuerer geworden, da man in gröfsere Tiefen hat hinabgehen müssen. Die Verteuerung wurde 1896 auf 0,17 — 0,70 Mk. pro t Erze berechnet[2]. — Eine Anwendung der in Nordamerika üblichen Riesendampfmaschinen zum Abbauen der Erze ist bei unseren tief liegenden Erzen unmöglich.

Unter den ausländischen Erzen spielen nach wie vor die spanischen die erste Rolle, besonders für den Ruhrbezirk; doch verwendet derselbe auch, zuerst 1889 dann seit 1892 in wachsendem Mafse schwedische Erze, aus Grängesberg und Gellivara, von denen sich ein Teil auch für den basischen Prozefs eignet. Von noch gröfserer Bedeutung sind sie für Schlesien, das aufserdem noch österreichische und ungarische Spateisensteine, sowie in geringerem Umfang schottischen

[1] Nach den Monatsberichten von „Stahl und Eisen“; vgl. auch Vogelstein a. a. O. S. 62.
[2] „Stahl und Eisen“ 1896, S. 25 fg.

Blackband und Kieselbrände beziehen mufs, da der heimische Erzvorrat nicht ausreicht. — Es wurden bei uns an Millionen Tonnen Erze importiert aus:

	Österreich-Ungarn	Schweden	Spanien	Belgien
1890	0,1	0,1	0,62	0,1
1895	0,15	0,6	0,78	0,12
1900	0,27	1,44	1,85	0,15

Auffallend ist der immer noch wachsende Import spanischer Erze nach Rheinland-Westfalen, trotz des Reichtums an Erzen in dem nahen Lothringen. Es ist dies darauf zurückzuführen, dafs die Transportkosten in Deutschland sehr hoch und bis 1901 auch kaum verringert sind, die Schiffsfrachten für spanische Erze dagegen sehr niedrig waren[1]. Der Bedarf nach spanischen Erzen stieg wieder, seit die Puddelschlacken teuerer wurden. — Der Transport einer Tonne Erz von Lothringen nach Rheinland-Westfalen kostet etwa 4,70 Mk. (nach Rohstofftarif I 1,4 Pf. pro tkm, da die Entfernung meist 350 km übersteigt)[2]; eine Wagenladung Erz von 25 Mk. Wert in Lothringen bedarf etwa 80 Mk. Frachtkosten. So kommt es, dafs Rheinland-Westfalen das pro Tonne Roheisen erforderliche Erz etwa 12--16 Mk. teuerer bezahlen mufs als Lothringen, und dafs die Erzfracht etwa 28—30 % seiner Erzeugungskosten ausmacht[3]. Für die am Rhein gelegenen Hochöfen stellt sich der Transport infolge Benutzung des Wasserweges etwas billiger.

Für den Transport Siegerländer Erze nach dem Ruhrbezirk wurde 1886 ein niedrigerer, sogenannter Notstandstarif gewährt. Im übrigen aber blieben die lebhaften Forderungen der rheinischen Interessenten nach Kanalisation der Mosel und Tarifermäfsigungen bis 1901 unerfüllt, trotz der Befürwortung des Kölner Bezirkseisenbahnrates i. J. 1896. Der Grund dafür liegt einmal in der durch Konkurrenzrücksichten veranlafsten heftigen Opposition der Hochofenbesitzer Lothringens und der Saar[4], sowie der Siegerländer Erzgrubenbesitzer und ferner in der Vorsicht, die der Staat bei seiner Tarifpolitik stets üben mufs. Am 1. Mai 1901 sind endlich die Frachtsätze für lothringische Erze ermäfsigt worden.

---

[1] Spanische Erze franko Rotterdam kosteten 1882 19,70 Mk., 1889—1892 14,50 Mk., 1894 12 Mk. („Stahl und Eisen“ 1895 S. 107 fg.)

[2] 1 tkm kostet nach Rohstofftarif I bis zu 25 km Entfernung 2,6 Pf., bis 350 km 2,2 Pf., über 350 km 1,4 Pf., samt Expeditionsgebühr.

[3] Nach Schilling in „Stahl und Eisen“ 1895, S. 107 fg. bezahlten für ihre gesamten Rohstoffe durchschnittlich Lothringen 9,42 Mk., das Saargebiet 13,54 Mk., Rheinland-Westfalen 19,82 Mk.

[4] Frhr. v. Stumm erklärte es für eine „sociale Gefahr“, wenn infolge einer Tarifherabsetzung an der Tonne Roheisen noch mehr als, wie bisher, 15—20 Mk. verdient würden („Stahl und Eisen“ 1897, S. 124).

Daneben sind besonders die Harzer und Lothringer Hochofenwerke an einer Ermäfsigung der Kohlentarife, Schlesien an der Oderregulierung interessiert. —

Viel erheblicher als die Erz- sind die Kohlenpreise gestiegen, weniger in Oberschlesien, wo sie nur in den letzten Jahren ungewöhnlich hoch waren, als vielmehr im Ruhrbezirk. Hier hat das mächtige Syndikat, dem seit 1893 fast alle Zechen des Ruhrgebiets angehören — nach kurzem Kampfe in Verbindung mit dem Kokssyndikat — die Preise bestimmt und hoch getrieben. Nach dem Jahrbuch des Oberbergamtsbezirkes Dortmund (1900—1901, S. 579 Tab. III) betrug der Wert einer Tonne Steinkohlen im Oberbergamtsbezirk

	Breslau Mark	Dortmund Mark	Bonn Mark	in Preufsen Mark
1878—88 zwischen	4,20—4,60	4,20—4,70	7,00—7,40	4,60—5,02
1889	4,34	5,47	7,66	5,43
1890	5,47	7,98	10,05	7,47
1891	6,02	8,38	9,74	7,83
1895	5,72	6,66	8,37	6,60
1899	6,44	7,66	9,79	7,56
durchschnittlich im Decennium:				
1880—90	4,46	5,05	7,42	5,24
1891—99	5,93	7,11	8,95	7,00

Das Ruhrgebiet erzeugt 71 % aller Koks. Die Preise in Dortmund betrugen[1] für:

	Hochofen- Mark	Giefsereikoks Mark		Hochofen- Mark	Giefsereikoks Mark
1887	7,83	8,67	1892—96	11—12	14—14,6
1888	9,16	10,36	1897—99	13,9—14,4	16—16,7
1889/90	15—20	17—22	1900	21,29	23,33
1891	13,5	17			

Die hohen Preise der letzten Jahre brauchten im wesentlichen aber nur die heimischen Abnehmer zu bezahlen, da die Syndikate den ausländischen Werken viel geringere Preise setzten. Zum Ausgleich der Schädigung werden dann den exportierenden Werken erhebliche Ausfuhrprämien vom Kohlen- und Kokssyndikat gewährt. Die erhöhten Preise wurden auch von den Käufern verlangt, die schon längere Verträge zu niedrigeren Preisen geschlossen hatten[2]. — Die Steigerung der Kokspreise bedeutet eine annähernd gleiche Erhöhung der Produktionskosten von Eisen, allerdings nur für solche Werke, die ihre Koks nicht selbst herstellen, wie die meisten Grofsbetriebe Rheinland-Westfalens. Diese haben nur unter dem Steigen der Kohlenpreise zu leiden, soweit sie nicht auch eigene Zechen besitzen.

[1] Dortmunder Jahrbuch 1900/1901, S. 576.
[2] Vgl. Vogelstein „Die Industrie der Rheinprovinz", S. 96 und 64.

Seit der Erfindung des Thomas sind also die Beschaffungskosten der Rohstoffe im ganzen nicht herabgegangen: der Erzpreis ist nicht gesunken, der Kohlenpreis gestiegen, beider Gewinnungskosten verminderten sich nur unerheblich. Auch die Transportkosten sanken kaum.

Es ist möglich, dafs der Staat sich durch den Zoll an der Gewährung von Tarifermäfsigungen hat hindern lassen, in der Erwägung, dafs die deutsche Industrie durch den Schutzzoll hinreichend begünstigt sei und einer Verminderung der Produktionskosten nicht noch bedürfe.

II. Sehr bedeutend waren die technischen Fortschritte der Hüttenindustrie zwischen 1878 und 1900, zunächst der Vergröfserung der Hochöfen von etwa 16—18 m auf 20—22 m; die Tagesleistung stieg von durchschnittlich 40—60 t auf mindestens 100—160 t[1]. Daneben stehen die zahlreichen Verbesserungen in der Ausnutzung des Brennmaterials: die völlige Durchführung der steinernen Cowperschen Winderhitzer an der Stelle der eisernen, wodurch weniger Wind verloren geht und die Wärmegrade von 450—600° auf 700—800° zu erhöhen möglich wurde[2]. Dies kommt einer Koksersparnis von etwa 200—300 kg pro t Roheisen gleich. Ferner das Einfangen der Gase an der Gicht des Hochofens und die weitere Verwendung derselben zum Heizen der Dampfkessel, in jüngster Zeit die allmähliche Ersetzung der Dampf- durch Gaskraftmaschinen[3]. Die einmal erzeugte Wärme und die entstandenen Gase verwendet man nicht nur im Hochofen weiter, sondern benutzt sie in den mit Walzwerken verbundenen Betrieben, um die Stahlblöcke zu Schienen, Knüppeln, Platinen weiter zu verwalzen[4]. Die Ersparnis an Brennmaterial infolge dieser Verbesserungen beträgt mehrere 100 kg Koks pro t Roheisen.

An weiteren Fortschritten sind noch aufzuführen: die leichtere Beschickung des Hochofens durch Verbesserung der Erzzufuhr, sowie die leichtere Fortführung des geschmolzenen Roheisens und bequemere Schlackenabfuhr. Hand in Hand damit geht die wachsende Genauigkeit in den chemischen und mechanischen Untersuchungen und Prüfungen, z. B. bei der Bestimmung des Siliciumgehaltes im Giefsereiroheisen.

Die Mehrleistungen auf Grund technischer Fortschritte veranschaulicht ein Bericht der Ilseder Hütte[5] aus dem Jahre 1888 (für 10 Tonnen Erze berechnet):

---

[1] „Stahl und Eisen“ 1895, S. 107 fg.
[2] Ebenda.
[3] Wandl-Friedenshütte berechnet daraus eine jährliche Ersparnis von 220—270 000 Mk. („Stahl und Eisen“ 1900, S. 415).
[4] Ebenda 1895, S. 1016 fg., 1897, S. 127 fg.
[5] „Stahl und Eisen“ 1884, S. 499, 1888, S. 367.

	1868	1878	1887	
Erzpreis	11,05 M.	26,05 M.	24,18 M.	
Koksverbrauch pro Tonne Roheisen	1380 kg	1000 kg	860 kg	
Heizkohlenverbrauch inkl. Gase	1422 kg	637 kg	747,5 kg	
Gebläse-Wind-Temperatur	222°	420°	453°	
Löhne	13,85 M.	10,79 M.	8,79 M.	
Reparaturen	5,20 M.	2,98 M.	2,42 M.	
Tagesproduktion	32,7 kg	95 kg	156,2 kg	Roheisen
Produktionskosten pro t Roheisen exkl. Generalunkosten	41,96 M.	27,88 M.	23,00 M.	

III. Eine weitere finanzielle Verbesserung bedeutet die Verwertung von Nebenprodukten, wichtig zunächst für die Hochöfen, die selbst Koks herstellen. Aus diesen gewinnt man bei Erhitzung der Gase seit Mitte der 80er Jahre Teer und Ammoniak, letzteres als Ammoniaksuperphosphat auch ein viel verwandtes Düngemittel. Der Wert der aus 1 t Koks gewonnenen Nebenprodukte wurde 1895 bei einer Erhebung der Oberbergämter auf mindestens 2,75 Mk. geschätzt[1].

Die Gewinne der Hüttenindustrie aus dem Verkauf der Thomasschlacke wurden schon dargethan (§ 4). Andere Schlacken kann man als Pflastersteine für den Chausseebau verwenden, wie vielfach in Oberschlesien, oder sie granulieren, d. h. in Wasser reinigen, mit Kalk verbinden und darans sog. Schlackenpuzzolancement herstellen, der dem Portlandcement an Brauchbarkeit zum Hausbau kaum nachsteht[2]. — Vom Standpunkt des Hochofenbetriebes aus ist endlich auch die für die Walzwerke gewonnene Wärme und das Gas als wertvolles Nebenprodukt anzusehen.

Der Zoll hat bei der Durchführung dieser technischen Fortschritte höchstens insofern mitgewirkt, als er der 1879 schwer bedrängten Hüttenindustrie die Teilnahme des Staates bewies und sie dadurch ermunterte. Jedenfalls hat er nicht, wie manch anderer Zoll, die Industriellen durch Garantierung hoher Preise eingeschläfert. —

IV. Die Leistungsfähigkeit unserer Arbeiterschaft ist in den letzten zwei Decennien zweifellos wesentlich gestiegen, wenn sich auch zahlenmäfsige Angaben darüber nicht machen lassen. Während der deutsche Arbeiter 1878 nach der allgemeinen Ansicht hinter dem englischen, belgischen, amerikanischen, ja auch französischen Arbeiter an Höhe der Leistungen und der Lebenshaltung zurückstand[3], kann man,

---

[1] „Stahl und Eisen“ 1895, S. 965 fg.
[2] Lürmann, Erfinder der Apparate für Schlackenverwertung in „Stahl und Eisen“ 1897, S. 991.
[3] Vgl. z. B. den Bericht der Eisenenquetekommission S. 36 unten.

so gewagt auch alle solchen Vergleiche sind, doch sagen, daſs er heute nur noch von dem amerikanischen Arbeiter übertroffen wird, dagegen den französischen und belgischen Arbeiter überholt hat, dem englischen wenigstens an Leistungsfähigkeit gleichkommt[1].

Die Steigerung der Arbeitsleistungen läſst sich ungefähr berechnen. Während nämlich 1878 von 16 200 in Hüttenwerken beschäftigten Arbeitern 2 148 000 t Roheisen hergestellt wurden, stellten 1899 36 300 Arbeiter 8 143 000 t Roheisen her; das bedeutet für 1878 eine Jahresleistung von 133 t Roheisen, für 1899 aber 224 t auf den Arbeiter. — Natürlich heiſst dies nicht, daſs ein Arbeiter jetzt doppelt so geschickt ist, als damals, weil er jetzt fast doppelt soviel herstellen kann, sondern nur, daſs man heute zur Herstellung von 1000 t Roheisen 4½ Arbeitskräfte braucht, 1878 noch 7½. — Ähnlich berechnet Sympher[2], daſs zwischen 1884 und 1894 die Jahresleistung eines Arbeiters im Ruhrgebiet von 183 auf 265 t, in Oberschlesien von 111 auf 164,5 t stieg. —

Gegen jene Berechnung kann man das Bedenken geltend machen, daſs bei den modernen Betriebskombinationen nicht jeder Arbeiter nur als Hüttenarbeiter gerechnet werden dürfte, da er vielfach auch im Walzwerk beschäftigt sei. So gewiſs dies ein einwandfreies Resultat bezüglich der absoluten Leistungen eines Arbeiters hindert, so genügt jene Rechnung doch allenfalls für den hier erstrebten Vergleich, um so mehr, als die Betriebskombinationen sehr viel häufiger geworden sind, und sich daher das oben festgestellte Ergebnis nur noch schärfer herausstellen würde. —

Nun waren für den Hochofenbesitzer die Mehrleistungen der Arbeiter keine reine Kostenersparnis, weil gleichzeitig die Löhne und die socialpolitischen Lasten gestiegen sind. Aber diese Steigerung kommt bei weitem nicht der der Leistungen gleich. Ein Vergleich zwischen 1878 und 1900 ist allerdings sehr erschwert, da man zwar in der Eisenenquete für 1877 zahlreiche Lohnangaben besitzt, für 1899/1900 aber bei dem Mangel einer Lohnstatistik leider auf die Angaben der Berufsgenossenschaften angewiesen ist. Und beide Angaben sind nur schlecht vergleichbar. Einmal sind die Zahlen der Enquete Einzelziffern, die der Berufsgenossenschaften Durchschnittsziffern, und zwar für Hochofen- und Walzwerksarbeiter zusammen, ferner sind in der Enquete die Löhne der jugendlichen Arbeiter meist einbegriffen, bei den Berufsgenossenschaften grundsätzlich nicht u. a. m. In der Enquete wurden

---

[1] Vgl. Abschnitt III.

[2] In der Denkschrift über die wirtschaftliche Bedeutung des Rhein-Elbekanals, vgl. v. Renauld, Hüttenindustrie von Oberschlesien, S. 220 fg.

für Rheinland-Westfalen folgende Jahreslöhne angegeben (die Tageslöhne sind zur Vergleichung hier mit 300 multipliziert): Meyer (Krupp) 1877 1060 Mk., für Bessemerarbeiter speciell 1124 Mk., Thielen-Ruhrort 920 Mk., Poensgen-Düsseldorf 1035 Mk., Kamp-Hamm (Walzdraht) 960 Mk., Schlink-Mülheim 8—900 Mk., Massenez-Hörde ca. 900 M., Baare-Bochum 912 Mk. Der Durchschnitt würde etwa reichlich 1000 Mk. betragen. Dagegen berechnet die rheinisch-westfälische Berufsgenossenschaft[1] für 1897 1136 Mk., 1898 1165 Mk., 1899 1201 Mk., also etwa 150—200 Mk. oder 15—20 % mehr.

Für Oberschlesien sind die Angaben noch unsicherer: Kollmann: 1. Puddler 960 Mk., 2. Puddler 690 Mk., 3. Puddler 600 Mk., Walzer 700 Mk., Schweifser 950 Mk. — Brantsch: Schmelzer 830 Mk., Gichter 775 Mk., Walzwerk von 750 Mk., Stahlwerk von 900 Mk. an aufwärts. — Jüngst-Gleiwitz: Hochofen 660 Mk., Former 770 Mk. u. s. w. — Richter (Königs- und Laurauhütte) Hochofen 585 Mk., Walzwerk 646—671 Mk.

Die schlesische Berufsgenossenschaft berechnet für 1897 727 Mk., 1898 750 Mk., 1899 771 Mk., was also auf keine höhere Steigerung als etwa 100 Mk., gleich 15—20 %, schliefsen läfst.

Daneben geben die süddeutsche Eisen- und Stahlberufsgenossenschaft für 1897 792 Mk., für 1899 894 Mk. an, die südwestdeutsche 924 bezw. 972 Mk., die sächsisch-thüringische 890 bezw. 965 Mk., die nordöstliche 934 bezw. 964 Mk., die nordwestdeutsche 813 bezw. 946 Mk. Calwer[2] berechnet daraus als Durchschnittslohn für Bergbau und Hüttenindustrie für 1897 1006 Mk., für 1899 1072 Mk.

Nach alledem scheint es mir schon sehr hoch gegriffen zu sein, wenn man die Lohnsteigerung auf 200 Mk. ansetzt, wobei auch nicht berücksichtigt ist, dafs die Jahre 1877/78 anormal schlecht, 1897/99 ungewöhnlich gut waren. Dazu kommen die Beiträge der Arbeitgeber für Kranken-, Unfall-, Alters- und Invaliditätsversicherung mit alles und allem höchstens 50 Mk. auf den Kopf des Arbeiters[3]. Selbst wenn man ein solches Steigen der Löhne annimmt, so entfällt trotzdem auf eine Tonne Roheisen weniger Lohn als 1878, weil die Arbeits-

---

[1] Vgl. Calwer, Handel und Wandel, S. 194/195.

[2] Ebenda 1901, S. 193—196, 271.

[3] Nach dem „Leitfaden zur Arbeiterversicherung des deutschen Reichs" (zusammengestellt für die Weltaustellung in Paris 1900) betrugen die Beitragslasten des Arbeitgebers für die gesamte Arbeiterversicherung im Jahresdurchschnitt 15,88 Mk. auf den Kopf des Arbeiters. Die Beiträge zur Unfallversicherung sind in der Hüttenindustrie wesentlich gröfser als im Durchschnitt. Trotzdem ist die obige Ziffer sehr hoch gegriffen. — Übrigens bestand schon 1878 ein allerdings beschränkteres Haftpflichtgesetz seit 1871 für die Arbeitgeber.

leistungen noch stärker gestiegen sind, wie sich aus folgender Durchschnittsberechnung ergibt:

1878 stellte 1 Arbeiter mit 850 Mk. Lohn 133 t[1] Roheisen her; es entfiel daher auf 1 t $\frac{1 \cdot 850}{133}$ = 6,40 Mk. Lohn.

Jetzt produziert ein Arbeiter mit 1100 Mk. Lohn 224 t[1]; auf 1 t entfällt daher an Lohn $\frac{1 \cdot 1100}{224}$ = 4,90 Mk.

Die Ersparnis an den Arbeitslöhnen beträgt daher trotz des Wachsens der Löhne und der socialpolitischen Lasten für die Tonne Roheisen etwa 1,50 Mk. oder fast 25%.

Zwischen dem Steigen der Löhne wie der Leistungen einerseits und dem Zoll andererseits läfst sich eine besondere Verbindung nicht herstellen (vgl. zu III).

V. Eine weitere Verminderung der Kosten bedeutet die immer häufiger werdende Betriebskombination. Während sich 1878 Hochöfen und Walzwerke meist noch in verschiedenen Händen befanden, werden Roheisen und Fabrikate heute grofsenteils von demselben Unternehmer hergestellt. Im niederrheinisch-westfälischen Industriebezirk kommen Unternehmungen, die nur den Hochofenbetrieb zum Gegenstande haben, kaum noch vor[2]; dagegen finden sich 13 — und zwar natürlich die gröfsten — Unternehmungen, die Kohlenzechen, Erzgruben, Hütten-, Walz- und Stahlwerke im Eigentum haben. Daneben gibt es noch fünf Kombinationen von Hochöfen mit Walzwerken oder mit Kohlen- oder mit Erzbergwerken und nur fünf Walz- oder Stahlwerke, die nicht eigene Hochöfen besitzen. In Oberschlesien liegen die Verhältnisse ähnlich. — Hauptsächlich sind Hochöfen und Walzwerke zusammengelegt, weniger Hochöfen und Giefsereien, nur selten Hütten und Maschinenfabriken.

Die Vorteile solcher Kombinationen sind technischer wie wirtschaftlicher Art. Liegen die Werke nebeneinander, so kann man die einmal im Hochofen erzeugte Wärme wieder für den Walzwerksbetrieb benutzen; man bedarf keinen Koks mehr zum Umschmelzen des Roheisens im Kupolofen und keine Kohle zum Wärmen der Stahlblöcke. Ein so kombiniertes modernes Stahlwerk braucht daher nur noch die Koks, die es zur Produktion von Roheisen an sich verwendet.

Ferner aber kann sich der Walzwerkbesitzer das selbstgewonnene Roheisen zu Selbstkosten, statt zu Verkaufspreisen berechnen, wenn er nur dafür bei dem Verkauf der Fabrikate eine höhere Bewertung erzielt; er braucht keine Handels-

---

[1] Vgl. oben S. 36.
[2] Nach dem Dortmunder Jahrbuch 1900/1901, S. 17—481.

spesen und Gewinne für das Roheisen, sowie, wenn Hochofen und Walzwerk zusammenliegen, keine Transportkosten zu begleichen.

Ferner ist er von der Höhe der Roheisenpreise unabhängig; das ist sehr wichtig, weil diese oft im Verhältnis höher stehen als die der Fabrikate. Unter Umständen kann auch der Unternehmer seine Arbeiter besser beschäftigen, wenn er sie nach Bedürfnis hier oder dort verwendet. Überhaupt kommen den kombinierten Betrieben alle Vorteile groſser Unternehmungen zu gute. Daher haben sich auch die am stärksten kombinierten Werke wie die von Krupp, der Laurahütte und das Ilseder-Peiner Walzwerk am glänzendsten entwickelt. Und andererseits klagen die isolierten Gieſsereien über die Konkurrenz der mit Hütten verbundenen Gieſsereibetriebe. — Die Vorteile der Kartellierung schlieſslich werden für sich betrachtet (§ 7).

Die Bildung kombinierter Unternehmungen ist durch den Zoll wesentlich gefördert worden. Er trieb die Fabrikanten dazu, sich durch Anlegung eigener Hochöfen von etwaigen Preiserhöhungen des Roheisens unabhängig zu machen. Denn die Betriebskombination ist überall von den Besitzern der Walzwerke, Gieſsereien u. s. w. ausgegangen, nicht etwa von denen der Hochöfen.

VI. Als Fortschritte zur Erleichterung des Absatzes sind der Dortmund-Emskanal, sowie die Einführung des Rohstofftarifs für Schiffsbaumaterialien 1894, erweitert 1897, zu nennen. Auch Schlesien hat Begünstigungen im Tarifwesen erfahren. Im übrigen aber sind die Verbesserungen unbedeutend.

Zu den Hauptzwecken eines Erziehungszolles nach List gehört endlich die Möglichkeit für die Industrie, sich das Vertrauen der Kundschaft zu erwerben und so den Absatz zu erweitern. Noch 1878 bevorzugten die deutschen Abnehmer Gieſsereiroheisen schottischer und Clevelander Herkunft. Es erregte entschiedenes Aufsehen, als der Hütteninspektor Wachner-Gleiwitz bei seinen Qualitätsvergleichungen feststellte, daſs das in Rheinland-Westfalen erblasene Eisen dem englischen ebenbürtig sei. Besonders lange erhielt sich jenes Vorurteil zu Gunsten ordinären englischen Gieſsereiroheisens.

In den letzten zwanzig Jahren ist nun ein groſser Umschwung zu Gunsten deutschen Fabrikates eingetreten, hauptsächlich infolge guter Erfahrungen mit deutschen Waren. Mitgewirkt haben dabei aber auch der Umstand, daſs überhaupt bei den deutschen Käufern die Vorliebe für ausländische Erzeugnisse verschwindet, sowie der Zoll, indem er durch die Verteuerung des englischen Eisens zu einem Versuch mit heimischer Ware Veranlassung gab. Ganz ohne Beihilfe eines Zolles hat die deutsche Eisenindustrie das Gebiet des Schiffsbaues zu erobern begonnen. —

Faſst man darnach die einzelnen Erscheinungen in ein Gesamtbild zusammen, so erkennt man, abgesehen von der Erfindung des Thomas und ihren Folgen, eine Steigerung der Produktionskosten bei der Beschaffung von Kohlen, eine wesentliche Verminderung in der Ausnutzung des Brennmaterials und der Arbeitskräfte, in den gesamten Betriebskosten durch Kombinationen, sowie ein gröſserer Gewinn von Nebenprodukten und endlich eine Erweiterung des Absatzes durch Erwerbung neuer Kunden. Das Resultat dieser Änderungen läſst sich zum Teil in Zahlen ausdrücken (über die Produktionskosten zur Zeit der Enquete vgl. S. 10).

Es betrugen nach den Erhebungen der Oberbergämter[1] im Auftrag des Kölner Bezirkseisenbahnrates 1895 in Rheinland-Westfalen die Erzeugungskosten von 1 t Roheisen 43,40 bis 43,99 Mk., nach den Angaben der Hüttenwerke selbst 41,20 Mk. + 7 Mk. Generalunkosten, nach den Berechnungen der Siegerländer Konkurrenten 40,89 Mk. + 6 Mk. Generalunkosten, der lothringischen 41,18—41,52 Mk. Die Differenzen entspringen meist aus Meinungsverschiedenheiten über die Höhe des Koksverbrauchs. Die lothringischen Werke[2] berechnen für sich selbst 35 Mk. Selbstkosten, Differdingen[3] (Luxemburg) für Thomasroheisen 1897 28,80 Mk. für Puddelroheisen 27,72 Mk.. Ilsede[4] schlieſslich für 1895 27 Mk. Für Schlesien liegen mir leider keine zuverlässigen Angaben vor. — Seitdem sind die Selbstkosten infolge des Steigens von Kohlen- und Kokspreisen zum Teil etwas höher geworden.

Die Verminderung der Produktionskosten gegenüber denen der Enquete ist also sehr bedeutend. Im Rahmen dieser Entwicklung kommt dem Zoll nur eine geringe Bedeutung zu.

§ 7. Ursachen der jeweiligen wirtschaftlichen Lage. — Kartelle.

Wenn sich als Ergebnis herausstellte, daſs im ganzen die Produktionskosten, sei es mit, sei es ohne Hilfe des Zolls, herabgegangen sind, so fragt sich nun nach der von Fr. List gegebenen Theorie weiter: Sind infolgedessen auch die Preise herabgegangen? Da diese aber auch von einer Fülle anderer Momente abhängen, so muſs vor der Beantwortung dieser

---

[1] Vgl. „Stahl und Eisen“ 1895, S. 963 fg.
[2] Ebenda.
[3] Ebenda 1897, S. 125.
[4] Ebenda 1895, S. 685.

Frage eine kurze Übersicht der preisbildenden Faktoren überhaupt gegeben werden, um die Bedeutung jedes einzelnen darzulegen. Nach den Berichten der Handelskammern und der Fachleute in „Stahl und Eisen“ läfst sich der Gang der wirtschaftlichen Verhältnisse der deutschen Eisenindustrie kurz dahin skizzieren, dafs man sechs verschiedene Perioden unterscheiden mufs:

Zunächst ein kurzer bei Roheisen ziemlich intensiver Aufschwung 1880—82, ausgehend von grofsen Schienenankäufen der Vereinigten Staaten, in Deutschland unterstützt durch zahlreiche Anschaffungen des Staates für Eisenbahnzwecke. Gleichzeitig herrscht im Sommer 1880 eine unerhörte Spekulation.

Dann folgt von 1882—1886/87 eine schwere Depressionszeit in der ganzen Welt; ein internationales Überangebot drückt die Preise. Als Ursache ist die aus der Gründerzeit herrührende übermäfsige Produktionsfähigkeit zu nennen. Aufserdem wird unsere Eisenindustrie von österreichischen, russischen und nordamerikanischen Zollerhöhungen betroffen. Die lebhaft versuchten Kartellbildungen haben meist nur eine kurze Lebensdauer.

Von 1887 an hebt sich der Verkehr wieder; Produktion und Preise steigen stark, zuerst bei Rohstoffen, dann auch bei Fabrikaten und Maschinen; gleichzeitig schwillt die Kartellbewegung an. Doch schon 1890 tritt, an der Glasgower Warrantbörse beginnend, eine neue Krisis ein und folgt eine schwere Depressionszeit bis 1894. Etwas länger bleibt die Maschinenindustrie beschäftigt. Das Jahr 1892 bringt in den Handelsverträgen mit Österreich, Belgien, Italien, der Schweiz geringfügige und folgenlose Herabsetzungen unserer Zölle, bedeutendere Ermäfsigungen der ausländischen, zünächst auch ohne tieferen Einflufs. Dagegen bewirkte der russische Handelsvertrag 1894 eine grofse Vermehrung des Exports und damit eine Entlastung des unter der heimischen Konkurrenz schwer leidenden inneren Marktes.

Ihm folgt seit 1895/96 ein lebhafter Aufschwung der gesamten Eisenindustrie, in Deutschland neben den Handelsverträgen besonders durch die Entwicklung der Elektricitätsindustrie gefördert. Er ist hauptsächlich charakterisiert durch die enorme Entwicklung des heimischen Bedarfs, durch die Intensität der Kartellströmung und die grofse Verteuerung aller Rohstoffe.

Nachdem der Kohlenmangel schon 1899 Stockungen in einzelnen Industriezweigen hervorgerufen hatte, erfolgt anfangs 1900 bereits auf dem Arbeitsmarkt und Ende April 1900 an der Börse erkenntlich[1], ein erneuter Umschwung zu un-

[1] Vgl. Calwer „Handel und Wandel“ 1900, S. 19.

günstiger Geschäftslage. So wenig sich schon jetzt ihr Verlauf und ihre Ausdehnung übersehen läfst, so scheint doch die Krise nicht so einschneidend zu wirken wie 1873 und 1890, hauptsächlich deshalb, weil die Kaufkraft des Inlandes in den voraufgehenden sechs guten Jahren bedeutend gestiegen ist. Charakterisiert wird diese letzte Krise neben der Abnahme des Imports und der Zunahme der Ausfuhr besonders durch das Mifsverhältnis in der Preislage von Rohstoffen und Fabrikaten — eine Folge der mächtigen Rohstoffkartelle. —

Darnach kann man eine Reihe allgemeiner Beobachtungen machen:

I. Die Preise schwankten auch nach der Zollreform sehr, bewegten sich insbesondere im ersten Jahrzehnt des Zollschutzes in Extremen. Das zweite Decennium zeigt im allgemeinen einen höheren und festeren Preisstand, zugleich in den letzten Jahren einen anormal hohen. Unabhängig von den Schwankungen der Konjunktur blieben nur einzelne Specialitäten, wie z. B. guter Tiegelgufsstahl.

II. Die Gestaltung der Preise hing meist von der inländischen Nachfrage ab, weniger vom Export. Von allem — bearbeiteten und nicht bearbeiteten — Eisen bezieht das Inland etwa $^4/_5$, das Ausland $^1/_5$. Im Inland ist der Vertrieb des Roheisens natürlich abhängig von den Bestellungen der Roheisen verarbeitenden Werke. Ihr Bedarf richtet sich wieder nach der allgemeinen wirtschaftlichen Konjunktur. Daneben kommen in Betracht:

a) für Stabeisen, gewisse Werkzeuge und Maschinen der Ausfall der Ernten;
b) die staatlichen Bestellungen an Schienen, Kleineisenzeug, an Schiffsbaumaterial und Lokomotiven,
c) für Kriegsmaterial — Gewehre, Kanonen, Geschosse — politische Gründe,
d) Erfindungen.

Die ausländische Nachfrage fällt bei Siegerländer Spiegeleisen und in kleinerem Umfange auch bei schlesischem Puddeleisen ins Gewicht, bedeutender bei Stabeisen, Schienen, Röhren, Blechen, Draht und Drahtwaren, feinen Waren und Maschinen (vgl. Abschn. II).

III. Das Verhältnis des inländischen Angebots zur Nachfrage bestimmte die Preise allein bei Flufsroheisen, Puddelroheisen, besserem Giefsereiroheisen, Halbzeug, den meisten Sorten von Handels-, besonders Baueisen, Draht- ganz überwiegend auch bei Blechen, Röhren, Eisenwaren, Schienen und Maschinen. Daneben kam die ausländische Konkurrenz in sehr geringem Umfang in Betracht in Blechen und Stabeisen, zuweilen auch Schienen, etwas stärker bei Röhren, ziemlich erheblich bei ordinärem Gießereiroheisen und Weißblech.

Aber auch bei Gießereiroheisen hatte die englische Konkurrenz nur innerhalb der, durch die gesamte Konjunktur gezogenen, Grenzen Einfluß. Es kommt nur selten vor, daß etwa in Deutschland der Bedarf die Produktion, in England die Produktion den Bedarf überschreitet, und daher die englische Überproduktion von Deutschland aufgenommen wird. Im allgemeinen besteht vielmehr ein Parallelismus, der in den Depressionsjahren besonders stark, am stärksten Mitte der 80er Jahre, war. —

IV. Der Einfluß des Standes der Roheisenpreise auf die weiterverarbeitenden Industrien wird für sich betrachtet (§ 8).

V. Der Zoll hat die Roheisenpreise zunächst nicht gehoben, vielmehr standen sie 1883—1887 wesentlich tiefer als vor 1879. Ferner aber sind nach der Verminderung der Produktionskosten nicht auch die Preise herabgegangen, im Gegenteil in den letzten Jahren sehr gestiegen — also anders als es List für Erziehungszölle vorhergesagt und gewünscht hatte. Die letztere Erscheinung ist auf die Wirksamkeit der Kartelle zurückzuführen.

In Rheinland-Westfalen bildete sich 1887 ein Roheisensyndikat, das bis zur Gegenwart fortbesteht. Ihm schloß sich bald darauf ein Kartell der Siegerländer Hüttenwerke an. Ebenfalls seit Ende der 1880er Jahre besteht ein lothringisch-luxemburger Kartell und schließlich seit 1900 ein oberschlesisches. Die Syndikate vereinbarten zuweilen fest abgegrenzte Absatzgebiete untereinander. Im übrigen kann es nicht Aufgabe dieser Arbeit sein, die Formen darzustellen, unter denen sich die Kartellierung der deutschen Eisenindustrie vollzogen hat. Hier fragt es sich, ob die Gründung jener Kartelle auf den Zoll zurückzuführen ist.

Das ist natürlich schwer zu sagen, weil eine Erfahrung unter andern Umständen noch nicht gemacht worden ist. Voraussetzung eines Kartells ist im allgemeinen ein Vorsprung der heimischen Industrie vor der ausländischen auf dem innern Markt, mag derselbe nun beruhen auf von Natur günstigeren Produktionsbedingungen oder auf besseren Absatzbeziehungen, insbesondere der Bevorzugung durch die staatliche Tarifpolitik, oder schließlich auf einem Schutzzoll. Durch niedrigere Tarife werden die deutschen Hüttenwerke nicht begünstigt. Es wäre wohl allenfalls eine Kartellierung der Hochöfen, die Roheisen für schmiedbares Eisen herstellen, auch ohne Zoll denkbar, da ihre Produktionsbedingungen denen des konkurrierenden Auslandes gleich sind; eine wirkliche durchgängige Überlegenheit schafft aber erst der Zoll. In Gießereiroheisen bestand England gegenüber jene

Ebenbürtigkeit nicht, und hier ist daher der Zoll die notwendige Voraussetzung gewesen. Man kann daher annehmen, dafs die Syndikate sich bilden und wirken konnten nur auf Grundlage des Zollschutzes.

Wirkliche Erfolge hatten die Kartelle erst, nachdem sie sich nicht mehr auf Preisvereinbarungen beschränkten, sondern auch die Produktion kontingentierten. Allmählich sind ihnen alle bedeutenden Betriebe beigetreten, 1901 noch drei grofse rheinische Fabriken. Eine vollständige Herrschaft über die Preise haben sie natürlich nicht ausüben können, insbesondere waren meist nur die Minimal-, nicht auch die Maximalpreise festgesetzt; aber die von ihnen abgeschlossenen Verträge sind doch für die gesamte Preislage auf dem inneren Markte bestimmend. Dabei sichern sie sich gegen etwaige eigene Mehrkosten durch die Klausel, dafs im Fall einer Verteuerung der Brennmaterialien oder Erze die Verkaufspreise des Eisens von selbst steigen [1].

Die Syndikate waren zunächst bei Krisen wiederholt erfolgreich tätig und dienten nach dem bekannten Ausdruck als „Fallschirme“; so hielten sie nach 1890 und 1900 durch Preisvereinbarungen und Produktionseinschränkungen die rapiden Preisstürze auf, verhinderten ebenso im Anfang günstiger Perioden ein allzurasches Steigen der Preise, so 1888 und 1896—1898. Dagegen ist es ihnen bisher weder gelungen, während lang andauernder Depressionszeiten die Preise aufrecht zu erhalten, wie 1892—1894, noch auch haben sie bei andauernd steigender Nachfrage die Preise zu mäfsigen gewufst, 1889/90 nicht und ebensowenig 1898—1900. In der letzten Krisenzeit haben sie die Preise nicht den Interessen ihrer Abnehmer angepafst und keinen Nachlafs gewährt, als diese schon unter schlechtem Geschäftsgang litten; daher galten noch im Winter 1900/1901 Roheisenpreise in der ganz anormalen Höhe von fast 100 Mk., als man Bleche und Draht bereits wieder mit 130—145 Mk. notierte.

Es fragt sich, inwieweit die Kartelle den Zoll ausgenutzt haben, und dies erkennt man aus einer Gegenüberstellung der deutschen mit den Weltmarktspreisen, vorzüglich denen Englands [2]. Es ist zunächst festzustellen, dafs die Preise des Thomasroheisens bis 1896 nicht höher waren, als die von scotch pig iron in London, das ungefähr dem deutschen Thomasroheisen gleich ist; nur 1889/90 standen sie höher, dagegen 1891—1895 tiefer. Seit Ende 1896 aber übertrifft der deutsche Preis den englischen regelmäfsig mindestens um den Zoll, 1899 und 1900 sogar um 20 Mk. Ob die Preise

---

[1] Vogelstein a. a. O. S. 87 und S. 96.

[2] Nach den Angaben des Londoner Economist, sowie von „Stahl und Eisen“, citiert bei Vogelstein a. a. O. S. 70, 71.

der beiden letzten Jahre bei der allgemeinen stürmischen Nachfrage nicht auch ohne den Zoll so hoch gestiegen wären, mag dahingestellt bleiben. Die Preise der Jahre 1896—1898 konnten die Syndikate aber nur mit Hilfe des Zolls durchsetzen.

Noch gröfser war die Ausnutzung des Zolls bei Giefsereiroheisen Nr. III[1]. Denn hier haben die Syndikate den Preis seit Ende 1894 regelmäfsig um fast 20 Mark über dem ebenbürtigen Middlesbroer Eisen gehalten, also um einen Betrag, der mindestens dem von Zoll plus Fracht gleichkommt. Auch diese Preiserhöhungen waren nur auf Grundlage des Zolls möglich. 1900 war die Differenz noch wesentlich gröfser, 30—50 Mk.

Es pflegt ferner die Praxis der Syndikate zu sein, auf Grund der im zollgeschützten Inland erhobenen höheren Preise an das Ausland zu niedrigen Preisen zu liefern. Roheisen wurde aber bisher nur in so geringen Mengen exportiert, dafs diese Erscheinung hier kaum von Bedeutung ist. In Spiegeleisen ist die Ausfuhr etwas bedeutender, und hier scheint auch an das Ausland zu billigeren Preisen verkauft zu werden[2]. Aufserdem ermöglichen die hohen Inlandspreise den Werken, die gleichzeitig auch Handelseisen, Bleche, Draht herstellen, diese Fabrikate billig zu exportieren (vgl. § 9—11).

Die Erhöhung der inländischen Preise durch die Kartelle mittelst Ausnutzung des Zolls hat eine Reihe weiterer Folgen, vor allem die, dafs an die exportierende Fabrikatindustrie Ausfuhrvergütungen von den Roheisensyndikaten gewährt werden. Dies wird in § 8 im Zusammenhang besprochen. —

Die Folgen des Zolls für die Hüttenindustrie selbst aber lassen sich folgendermafsen zusammenfassen:

Der Zoll hat auf die Produktion von Giefsereiroheisen einen — nach Listscher Terminologie — erziehlichen Einflufs ausgeübt, indem er den Industriellen half, unter dem Schutze etwas sicherer Preise ihre Betriebe zu vervollkommnen. Die Bedeutung der englischen Einfuhr ist auf die Zeiten starker Nachfrage beschränkt; in Depressionsjahren ist Englands Konkurrenz nur noch unbedeutend.

An der Gesundung und mächtigen Entwicklung der Hüttenindustrie, soweit sie Roheisen für schmiedbares Eisen herstellt, hat er fast gar keinen Anteil gehabt. Dieser Erfolg ist vielmehr technischen Erfindungen, vor allem der des Thomas, zuzuschreiben. — Die Einfuhr schwedischen Holzkohlenroheisens ist nicht gehindert worden.

---

[1] Vogelstein a. a. O. S. 68, 69.

[2] Vogelstein a. a. O. S. 80 folgert das mit Recht aus den vom Kokssyndikat gewährten Ausfuhrvergütungen, nach dem Bericht der Siegener Handelskammer von 1897.

Die Preise sind durch den Zoll allein nicht erhöht worden, das ist vielmehr erst durch die Kartelle geschehen.

Der Zoll hat die Gründung und Wirksamkeit der Kartelle wesentlich unterstützt.

Die Kartelle haben den Zoll ausgenützt, indem sie in Zeiten guter Nachfrage — neben den Kohlen- und Kokssyndikaten — die Preise sehr hoch trieben. In Zeiten geringen Bedarfs haben sie Preisstürze etwas aufgehalten.

Der Zoll hat endlich die Tendenz nach Kombinationen der Betriebe sehr verstärkt. —

§ 8. Wirkungen des Zolles auf die Roheisenverbraucher und die Exportindustrie.

Aus den in § 7 dargelegten Folgen des Zolls für die Roheisenproduzenten ergibt sich mittelbar sein Einfluſs auf die Konsumenten, d. i. die das Roheisen weiter verarbeitende Industrie. Im allgemeinen sind ihre Interessen, was die Stetigkeit der Preise anbelangt, denen der Produzenten gleich, was die Höhe anbelangt, entgegengesetzt. Vor allem der Wunsch nach Stetigkeit der Roheisenpreise veranlaſste ja die Eisen verarbeitenden Industriellen, 1879 dem Zoll ihre Zustimmung zu leihen. Der Zoll hat die Preisschwankungen aber nicht verhindert.

Für die Frage nach dem Vorteil oder Schaden hoher Preise ist naturgemäſs zu unterscheiden, ob es der Eisen verarbeitenden Industrie im einzelnen Fall möglich gewesen ist, mit ihren Produkten den hohen Preisen zu folgen oder nicht. Aus den wirtschftlichen Berichten der Handelskammern und der Fachleute in „Stahl und Eisen“ ist darüber folgendes abzuleiten:

Im allgemeinen verlaufen die Preise parallel; besonders sind niedrige Preise des Roheisens gewöhnlich von niedrigen Fabrikatpreisen begleitet. Abweichungen in der Richtung, daſs bei niedrigen Roheisenpreisen die Fabrikate, wie Maschinen und Guſswaren, teuer sind, kamen nur im Beginn schlechter Zeiten, wie 1882 und 1891, vor, hauptsächlich um deswillen, weil sich die Krisen nicht gleich rasch und weit ausdehnten. Bei schwerer industrieller Deroute konnte doch der Bedarf z. B. an Müllerei-, Brennerei-, Zuckerbereitungs- oder landwirtschaftlichen Maschinen regelmäſsig bleiben. Dazu kommt, daſs die Industriekrisen nie das Vermögen aller Konsumenten in Mitleidenschaft ziehen; diese können sogar durch eine allgemeine Verbilligung der Bedarfsartikel kaufkräftiger werden.

Viel häufiger war der Fall, daſs die Fabrikate dem Steigen der Roheisenpreise nicht folgen konnten und auf dem alten Stande beharrten, besonders in günstigen Jahren, wie 1880—82, 1889/90 und 1898—1900. Der Grund dieser Erscheinung ist die Unentbehrlichkeit des Rohstoffs. Die Fabrikanten mufsten, wenn sie die guten Konjunkturen nicht ungenützt lassen wollten, unter allen Umständen Roheisen zur Weiterverarbeitung einkaufen, was den Roheisenproduzenten starke Preissteigerungen ermöglichte. Die Käufer der Fabrikate aber waren nicht in gleicher Weise bei höheren Preisen zum Einkauf genötigt.

Erst eine Erscheinung der beiden letzten Jahre ist es, dafs in Depressionszeiten bei gesunkenen Fabrikatpreisen der Roheisenpreis unverhältnismäfsig hoch bleibt. Es folgt dies aus der gröfseren Einheitlichkeit und Macht der Roheisensyndikate infolge geringerer Zahl der Beteiligten. Die Erzeuger der Eisenwaren, grofsenteils Hausindustrielle, sind ihnen gegenüber der schwächere Teil.

So bestehen also zu Zeiten scharfe Gegensätze in den Interessen der Hütten- und der Industrie von Eisenfabrikaten. Diese Gegensätze haben sich denn auch wiederholt in lebhaften Klagen und Abwehrmafsregeln geltend gemacht. 1885 bildete sich z. B. ein Verband deutscher Giefsereien und Maschinenbauer, mit der ausgesprochenen Begründung, dafs die schon bestehenden Verbände nur die Hochofen- und Walzwerks-Grofsindustrie verträten [1]. Derselbe Verband beschlofs im Juni 1901, das rheinische Roheisensyndikat zu boykottieren, falls es von seinen zu ganz anderen Zeiten entstandenen Preisen nicht Nachlässe bewillige. Auch sonst sind es hauptsächlich die Maschinen-, Draht- und Giefsereiindustriellen, von deren Seiten Beschwerden vorliegen [2].

Die wichtigste Mafsregel zur Abwehr dieser zuweilen qualvollen Abhängigkeit war aber nicht die Opposition gegen die Roheisenindustrie, sondern die Betriebskombination, die Anlage eigener Hüttenwerke oder der Ankauf schon bestehender. Denn fast alle Zusammenlegungen sind ja von der weiterverarbeitenden Industrie ausgegangen.

Die Gegensätze wurden ferner dadurch gemildert, dafs die von der Verteuerung des Roheisens am empfindlichsten getroffene Exportindustrie von dem Roheisensyndikat Ausfuhrvergütungen bewilligt erhielt (s. unten).

Und damit kommt man zu dem letzten Punkte, an dem eine Zollwirkung zu suchen ist.

Im allgemeinen kann ein Zoll auf eine fremde Ware die einheimische Exportindustrie überhaupt dadurch schädigen, dafs er den ausländischen Verkäufer um seinen Gewinn bringt und ihn so verhindert, bei uns zu kaufen. Der Roheisenzoll richtete sich 1879 ganz vorwiegend gegen England. Man kann nun nicht sagen oder beweisen, dafs England um

---

[1] „Stahl und Eisen“ 1885, S. 764.
[2] Vgl. z. B. ebenda 1894, S. 1153 fg.

deswillen weniger bei uns gekauft und so unserer Exportindustrie zu verdienen gegeben hätte, weil wir die Einfuhr seines Roheisens erschwert haben. Denn der Import englischen Flufsroheisens verlor auch ohne den Zoll seine natürlichen Ursachen. Der den Engländern bei dem Export von Giefsereiroheisen entgehende Gewinn aber dürfte kaum ins Gewicht fallen, um so weniger, als englisches Giefsereiroheisen in höchstem Mafse Weltmarktsware ist und daher von den Einfuhrbeschränkungen eines Landes nur wenig berührt wird.

Von gröfserer Bedeutung war der Roheisenzoll für die Eisenexportindustrie speciell.

Ein Rohstoffzoll, der die Produktionskosten der weiter verarbeitenden Industrien erhöht, wird im Inland durch Fabrikatzölle ausgeglichen, aber er hemmt den Wettbewerb der Exportindustrie auf dem Weltmarkt, soweit nicht Rückvergütungen erteilt werden. Dies tut das Reich bei uns nur in ganz geringem Umfange.

Erst seit 1897 ist das Roheisen dauernd verteuert worden; seitdem erst könnten sich also die Folgen für den Export der Fabrikatindustrie bemerkbar machen.

Die schädigenden Wirkungen des Zolls versuchen nun die Roheisenkartelle und der Halbzeugverband, der mit ihnen in Fühlung steht, wettzumachen, indem sie den Exporteuren der Halb- und Ganzfabrikate Ausfuhrvergütungen bewilligen, so z. B. an die exportierenden Grobblechwerke[1]. 1897 taten sich das Koks-, das Roheisen- und das Halbzeugsyndikat zusammen, um Stahlknüppel an die exportierenden Drahtwalzwerke für 7—8 Mk. billiger abzugeben, ebenso 1901 um 15 Mk.[2]. Das Roheisensyndikat allein bewilligte 1897/98 und seit Mai 1901 an die Siegerländer Halbzeugfabrikanten von Luppen pro Tonne Roheisen 6²/₃ Mk. Ausfuhrvergütung[3]. Diese Exportprämien ermöglichen es den Fabrikatindustrien, an das Ausland wesentlich billiger zu verkaufen, als im Inland; so geschieht es regelmäfsig bei Draht und Grobblechen[4], aber auch bei vielen anderen Walzwerkserzeugnissen.

Die Folge dieses Systems ist also zunächst, dafs der heimische Verbraucher die Eisenartikel teuerer bezahlen mufs als der ausländische. Dadurch wird ferner der Wettbewerb der ausländischen Industrie, die aus den billig exportierten Fabrikaten Waren herstellt, wesentlich gefördert und somit

---

[1] Bericht der Siegener Handelskammer 1898, S. 18; vgl. Vogelstein a. a. O. S. 80.

[2] Vogelstein a. a. O. S. 82 aus der Zeitschrift „Die Industrie“.

[3] Bericht der Siegener Handelskammer 1897, S. 15 und bei Vogelstein S. 80.

[4] Vgl. z. B. die wöchentlichen Marktberichte der Nationalzeitung aus Schlesien und eingehender § 9 dieser Arbeit.

die Konkurrenzfähigkeit unserer Exportindustrie auf dem Weltmarkt beeinträchtigt. Um dies zu verhindern, sind neue Exportprämien erforderlich, und so ruft die Exportprämie auf einer unteren Stufe des Produktionsprozesses immer weitere Exportprämien auf den höheren Stufen hervor. Hier, wie auf vielen Gebieten, ist das ursprüngliche Schutzzollsystem auf dem Wege, sich in ein Exportprämiensystem umzuwandeln. — Genauer belegt werden kann dies erst nach einer Betrachtung der Fabrikatzölle (vgl. §§ 9 und 16).

Es ist aber endlich die Frage, ob der Nachteil der Verteuerung des Roheisens für die Exportindustrien, z. B. von Draht, durch Ausfuhrvergütungen wieder völlig wett gemacht wird. Bisher konnten aber bei dem glänzenden Gang aller Industrien die Preise der Fabrikate im wesentlichen noch denen des Roheisens folgen. Man wird die Erfahrungen mehrerer Depressionsjahre abwarten müssen[1], um die Frage beantworten zu können. —

Der Export von Roheisen selbst schliefslich war zu gering, als dafs er durch seine billigen Preise den ausländischen Wettbewerb direkt hätte stärken können. (Über die indirekten Wirkungen vgl. § 9 am Ende.)

[1] Vogelstein a. a. O. S. 98—100 glaubt schon jetzt für Draht, Röhren und Eisenwaren eine direkte Schädigung konstatieren zu können.

Zweiter Abschnitt.

Die Zölle auf Eisenfabrikate und Eisenwaren.

§ 9. Halbfabrikate, Handelseisen, Draht, Bleche und Platten.

Bereits in den 70er Jahren überstieg die Produktion den Bedarf bei den Eisen-Halb- und Ganzfabrikaten, Stahl, Stabeisen, Winkel- und Baueisen, Schienen, Draht, Blechen und Platten, so dafs Deutschland hierin nicht nur vom Ausland unabhängig war, sondern auch einen regen Export aufwies. 1878 betrug die Mehrausfuhr bei Schienen 162000 t, bei Stabeisen 72000 t, Draht 48000 t, Blechen 39000 t, Stahl 12000 t und nur bei Weifsblech bestand eine Mehreinfuhr von 3300 t. Insbesondere gehörten die Stabeisenindustrie, beruhend auf Deutschlands vorzüglichem Puddeleisen, die Draht- und Schienenindustrie seit langem zu den bedeutendsten des Zollvereins.

Die Fabrikate unterlagen — aufser Weifsblech — von 1865—1870 einem Zoll von 50, bezw. 70 Mk. pro t, dann war 1870 der Zoll für Winkeleisen auf 35 Mk., façoniertes Stabeisen und Blech auf 50 Mk., und 1873 für sämtliche Fabrikate auf 20 Mk. herabgesetzt worden. Vom 1. Januar 1877 ab gingen sie zollfrei ein.

Auch hier wurden in der Enquete lebhafte Klagen über die wirtschaftliche Notlage laut; es wurde behauptet, dafs die Verkaufspreise die Produktionskosten nicht deckten. So betrügen [1] die

von			in Mark pro Tonne Herstellungskosten	Verkaufspreise
westfälischem Stabeisen			115–125	110—120
schlesischem Stabeisen	ordinär		130—153	140
	fein		161—170	190
Phönix-Bleche			167	150—180
Borsig	Koks-	Bleche	190	200
	Kessel-		210	220
	Feinkorn-		250	270
	Stahl-		210	230

[1] Bericht der Enquetekommission S. 25—31.

Nur die Drahtindustriellen klagten nicht und konstatierten ein Steigen des Exports; das deutsche Fabrikat sei etwas kostspieliger als das englische — 129—145 Mk. in Westfalen und 145 Mk. in Schlesien gegenüber 122 Mk. in England —, dafür aber auch viel besser.

Als Ursache der wirtschaftlichen Notlage wurde auch seitens der Fabrikatindustrie vielfach die ausländische Konkurrenz bezeichnet; bei der statistischen Prüfung dieser Behauptung müssen wieder nach Serings Methode die Importziffern von 1877 und 1878 unter Abzug der Durchfuhr auf das richtige Mafs zurückgeführt werden (vgl. § 2).

Der Stabeisenimport — vorwiegend aus England — erreichte 1873 die grofse Summe von 42000 t, fiel aber nach der Krise bis auf 9000 t im J. 1876. Nach völliger Beseitigung der Zölle stieg er zwar 1877 auf 16000 t, stand aber bereits 1878 wieder auf 11800 t[1]. Das englische Stabeisen wurde besonders im Nordosten, wohin England geringere Transportkosten hatte, als die schlesischen und westfälischen Walzwerke, viel gehandelt, oder übte wenigstens einen Preisdruck aus. Im Binnenlande war dagegen sein Einflufs nur sehr gering, höchstens wurden in Sachsen noch gröfsere Mengen abgesetzt. Aufser England konkurrierte hier, wie in Stahl, auch Schweden, dessen aus Holzkohlenroheisen hergestelltes Stabeisen sich für Gegenstände von besonderer Festigkeit vorzüglich eignete und daher trotz des wesentlich höheren Preises gekauft wurde. Die Einfuhr von Stabeisen spielte im ganzen gegenüber der Produktion keine bedeutende Rolle, verhielt sich zu dieser wie etwa 1 : 50. Daneben hatte sich der Export eines grofsen Umfangs und stetigen Wachstums zu erfreuen. Die Verhältnisse in den übrigen Handelseisenindustrien waren im wesentlichen gleiche. —

Ganz ähnlich wie bei Stabeisen war die Entwicklung bei Blechen verlaufen; der i. J. 1873 starke Import sank bis 1876 erheblich, stieg 1877 noch einmal, ging aber 1878 sehr zurück, so dafs die Einfuhr nur noch etwa 4½ % des Gesamtbedarfs deckte. Wirklich stark war Englands Konkurrenz nur bei den für den Schiffbau bestimmten Platten und Blechen; hier überstieg der Import die Produktion beträchtlich (vgl. § 12); in Weifsblech stand er derselben nicht viel nach (vgl. § 10).

Die Draht einfuhr schliefslich war immer ganz gering, und der ausländischen Konkurrenz ist auch in den Zeiten völliger Handelsfreiheit niemals ein Einflufs zuzuschreiben. Sie machte nur etwa 1,7 % des Gesamtbedarfs aus, während andererseits der Export sehr bedeutend war,

---

[1] Sering a. a. O. S. 185, 201.

auch nach England hinein. Die deutsche Drahtindustrie galt schon damals als die erste der Welt.

Die Verhältnisse der Schienenindustrie werden besonders behandelt (§ 11).

Die Ursachen der wirtschaftlichen Depression waren im ganzen auch hier an anderen Punkten zu suchen, als bei der ausländischen Konkurrenz. Die Produktion war in den Gründerjahren dem Bedarf weit vorausgeeilt, am stärksten bei Schienen und Baueisen, aber auch bei Blechen und Stabeisen. Zu der geringen Aufnahmefähigkeit des deutschen Marktes kam die allgemeine Depression auf dem Weltmarkt. Der Export nahm zwar nicht ab, wurde vielmehr zum Teil forciert und so noch ausgedehnt, war aber doch nicht im stande, den heimischen Produktionsüberschufs aufzunehmen. — Es traten noch eine Reihe specieller Ursachen hinzu: der Übergang vom Schweifs- zum Flufseisen bedeutete für die deutsche Industrie eine teilweise schwere Prüfungszeit, denn der aus Puddeleisen hergestellte deutsche Draht galt[1] an Schweifsbarkeit, Dehnbarkeit und Festigkeit bisher als unübertrefflich; die Stahlwerke aber litten infolge des Mangels an phosphorfreien Erzen unter hohen Produktionskosten (vgl. § 2). — Die ausländische Konkurrenz war an der wirtschaftlichen Notlage höchstens insofern schuld, als sie das Überangebot noch vergröfserte. Die ausländische, d. h. im wesentlichen die englische Industrie war der deutschen nur bei der Fabrikation von Weifsblech, von Schiffsblechen und bis zur Erfindung des Thomas bei der Herstellung von Stahl überlegen. Dagegen war im übrigen die deutsche Blech- und Handelseisenindustrie der englischen durchaus ebenbürtig, die Drahtindustrie bereits überlegen. Für den Absatz auf dem Weltmarkt hatte England allerdings einen grofsen Vorsprung durch die Ausdehnung von Handel und Schiffahrt; für den Wettbewerb innerhalb Deutschlands spielte dies aber nur eine geringe Rolle.

In der schutzzöllnerischen Presse wurde ferner behauptet, dafs Belgiens Industrie von Bau- und Trägereisen hauptsächlich durch niedrigere Löhne der deutschen überlegen sei. Die in der Enquete vernommenen Eisenhändler[2] sagten aber aus, dafs die Konkurrenz nicht grofs wäre, da die belgischen Waren viel zu schlecht wären, um mit Erfolg in Deutschland abgesetzt werden zu können.

Jetzt wurde nun ein Zoll von 25 Mk. pro t verlangt und bewilligt, welcher Satz den des Jahres 1873 überschritt, den von 1865 nicht erreichte. Nach dem Preisstand der Jahre 1877—79 bedeutete dies einen Wertzuschlag von etwa

---

[1] „Stahl und Eisen“ 1889, S. 177.

[2] Z. B. Ravené-Berlin S. 40; vgl. Sering a. a. O. S. 186.

15—20 % für Stab- und Baueisen, Grobbleche, etwa 20 % für Draht und 10—15 % für Feinbleche.

Diese Zölle konnten mit einem gefährlichen Wettbewerb des Auslands nicht begründet werden, und es geschah dies auch nur vereinzelt in der Enquete, gar nicht seitens der Regierung und kaum im Reichstag. Man argumentierte vielmehr so: das Roheisen wird durch den Zoll um durchschnittlich 10 Mk. pro t verteuert; um ebensoviel werden die Produktionskosten der Fabrikate erhöht, die Industrie also gegenüber dem Ausland benachteiligt. Der Zoll sollte nun die Möglichkeit gewähren, die höheren Erzeugungskosten durch höhere Verkaufspreise auszugleichen. Diese Erwägung war im wesentlichen richtig wenigstens für diejenigen Werke, die ihr Roheisen nicht selbst herstellen, und wurde auch von den Zollgegnern kaum beanstandet, nachdem einmal der Roheisenzoll angenommen war. Als selbständige Schutzzölle waren sie von der Gesetzgebung nicht beabsichtigt. Die Voraussetzung war vielmehr der Roheisenzoll. —

Nun stiegen aber die Roheisenpreise bis 1896 im allgemeinen nicht, bei Gießereiroheisen wenigstens nicht im erwarteten Umfange. Damit änderte sich der Charakter dieser Zölle, sie wurden aus Ausgleichungs- zu eigentlichen Schutzzöllen. Es fragt sich zunächst, ob sie als solche gewirkt haben.

Die Einfuhr von Stabeisen erlitt durch den Zoll zunächst keine Beschränkung (wenigstens nicht gegenüber der von Sering berechneten Einfuhr zum Verbleib), blieb vielmehr, außer einer vorübergehenden Steigerung i. J. 1890, auf dem früheren Umfang bis 1895; erst die letzten Jahre haben ein nicht erhebliches Anwachsen des Imports gebracht. Er kommt zum großen Teil aus Schweden, 1900: 19 156 t, zum kleineren Teil aus England, 6459 t, und besonders in den letzten Jahren aus Österreich, 10 583 t i. J. 1900; Abnehmer sind hauptsächlich Rußland (1897—1900 96 000, 107,000, 74 000, 35 000 t), Holland, die Schweiz, Dänemark, Japan und viele andere Länder. Da die Produktion auch sehr wuchs, macht die Einfuhr nur wenig über 1 % des deutschen Verbrauchs aus.

Bei Blechen und Platten nahm die Einfuhr nach dem Inkrafttreten des Zolls stärker ab; sie fiel von 1878—80 um 2500 t, dann 1885 bis auf 2000 t und stieg, außer vorübergehend 1889/90, auch nicht wieder; selbst i. J. 1900 erreichte sie nicht 4000 t. Dagegen ist die Ausfuhr besonders nach Rußland, Holland und der Schweiz beständig gestiegen, ebenso die Produktion, so daß die jetzige Blecheinfuhr nur etwa 0,5 % des Gesamtbedarfs deckte, gegenüber etwa 4 % i. J. 1878. Bei Blechen, wie bei Handelseisen, ist darnach die Einfuhr gestiegen zu Zeiten lebhafter Nachfrage und sofort gesunken bei schwachem Bedarf, also ohne Einfluß gewesen. — Bei dieser Betrachtung sind nicht inbegriffen die für den Schiffbau bestimmten zollfrei eingehenden Bleche. —

Noch geringer war der Einfluſs der ausländischen Konkurrenz auf Draht. Selbst wenn man die Durchfuhr nicht wie Sering abzieht, änderte sich zwischen 1878 und 1880 nichts. Die Einfuhr blieb bis 1887 unter 4000 t; die 1888 einsetzende kleine Steigerung — wahrscheinlich auf dem Eintritt Hamburgs und Bremens in den Zollverein beruhend — dauerte an und wurde in den letzten Jahren noch etwas lebhafter. Als Bezugsländer kamen Schweden und England in Betracht. Von dem deutschen Bedarf deckt der Import etwa ebensoviel wie 1878, nämlich 2 %; er verhält sich zur Produktion wie 1 : 70. Produktion und Ausfuhr sind sehr gestiegen. Abnehmer sind neben vielen andern Staaten besonders England, Belgien, Australien und Holland; überall besteht seit einigen Jahren ein äuſserst lebhafter Wettbewerb mit den Vereinigten Staaten, weshalb unsere Drahtindustrie besondern Wert auf Verminderung der Selbstkosten, Frachten und Rohstoffpreise, legt Auf dem deutschen Markt hat Nordamerika, ebensowenig wie ein anderes Land seit 1873, niemals ernstlich konkurriert. Auch das Vorurteil der Nadelfabrikanten für englischen Draht ist allmählich ganz verschwunden[1]. —

Bei Trägern, Eck- und Winkeleisen ist ein Einfluſs des Zolls um deswillen nicht zu konstatieren, weil die Einfuhr schon 1878 minimal war, und dies geblieben ist, bei gleichzeitig starker Entwicklung von Produktion und Ausfuhr. — Die Einfuhr der Stahl-Halbfabrikate der Ingots oder Blöcke, ist infolge der Erfindung des Thomas ebenso wie Bessemerroheisen auf einen geringen Rest gesunken[2]. In den Halbfabrikaten des Puddeleisens, Rohschienen und Luppen bestand schon vor der Zollreform 1879 kein ausländischer Wettbewerb. —

Die Preise sind im allgemeinen nicht gestiegen. In den ersten Monaten des Jahres 1880 wurden sie allerdings durch die amerikanische Nachfrage und die daran anschlieſsende Spekulation in die Höhe getrieben; sobald diese aber nachlieſs, standen sie wieder so tief wie zuvor. Auch 1881/82 erholten sie sich nicht, wie die des Roheisens, so daſs über dessen hohe Kosten sehr geklagt wurde. Nach einer tiefen Depression, die bis 1888 dauerte, brachten die Jahre 1889/90 eine starke Steigerung, doch lieſs sie 1891 wieder nach. Erst seit 1895/96 beginnen die Preise ständig zu steigen, bis zu der

---

[1] „Stahl und Eisen“ 1887, S. 38.

[2] Eine genauere statistische Vergleichung ist wegen der verschiedenen Klassifikation vor und nach 1879 nicht möglich.

Krise im Sommer 1900, die sich hier stärker bemerkbar machte, als bei den mächtigen Roheisensyndikaten.

Da in der Walzwerkindustrie schon 1879 die deutsche Produktion den Bedarf erheblich überschritt, versuchte man bald nach der Zollreform den heimischen Wettbewerb durch Kartelle einzuschränken. Ein erster Versuch, die Walzwerke zu kartellieren, scheiterte allerdings 1884. Jedoch kam nach langen erfolglosen Verhandlungen zuerst 1886 eine Verkaufsvereinigung, sodann ein oberschlesischer Walzwerkverband zustande, dem im Juni 1887 ein westfälischer und im Oktober 1887 ein gesamtdeutscher Verband folgte[1]. Er überdauerte 1890 die Krise, wurde 1892 auf fünf Jahre verlängert, löste sich dann aber am 31. Dezember 1893 unter dem Einflufs des bevorstehenden Zollkrieges mit Rufsland auf. Der oberschlesisch-mitteldeutsche Verband blieb bestehen und wurde 1901 verlängert, dagegen kam ein gemeinsames Kartell nicht wieder zustande. Im Westen finden zwischen den grofsen Werken zuweilen Preisverabredungen statt, aber eine feste Organisation besteht nicht[2].

In der Blechindustrie handelt es sich um verhältnismäfsig wenige grofse Betriebe; daher ist hier die Gründung von Kartellen besonders leicht, andererseits ist aber ihre Fortdauer durch den Austritt nur weniger Werke ebenso leicht zu erschüttern. Ein Feinblechkartell löste sich zwar nach kurzem Bestehen von 1886—1888 oder 1890 wieder auf, dagegen hat das nach mehreren vorübergehenden Versuchen 1897 definitiv gegründete Grobblechkartell sich aufrecht erhalten, auch in der Krise des Jahres 1900[3]. Verhandlungen zur Wiederherstellung des Feinblechkartells sind noch im Gange. —

In Walzdraht bestand seit 1886 ein gut organisiertes Kartell[4], das der Preisschleuderei in Draht zunächst Einhalt tat, sich aber schon im Dezember 1888 wieder auflöste. Von neuem gebildet, brach es in der Krise von 1890 zusammen, was sich sehr empfindlich geltend machte[5], da der Inlands-

---

[1] Vgl. Caro in den Schriften des Vereins für Socialpolitik Bd. 60, S. 44 und das „Deutsche Wirtschaftsjahr" 1880, S. 133—135, 1882 S. 261 fg., 1883 S. 312 fg., 1881 S. 195 fg.

[2] „Stahl und Eisen" 1887, Juni- und September-Monatsbericht und 1894, S. 374.

[3] Ebenda, 1886 S. 215, 1887 Juli-Bericht, 1890 S. 997, 1897 S. 889. Mehrere der Angaben verdanke ich auch der Liebenswürdigkeit des Herrn Schmalenbach. — Genaue Daten über die Kartellgründungen in der Blechindustrie vor 1890 vermochte ich nicht zu erhalten, da sie, wie überhaupt die Nachrichten über die Kartelle, nur teilweise in die Öffentlichkeit gelangen. Es ist auch im Einzelfall schwer zu sagen, von welchem Zeitpunkt an etwa bestehende Vereinbarungen die feste Form eines Kartells annehmen.

[4] „Stahl und Eisen" 1886, S. 215, 1888 November-Bericht.

[5] Ebenda, 1890 S. 503.

bedarf längst nicht der Produktion gleichkam, und der Export, besonders in den Jahren 1892 und 1893, auf grofse Hindernisse stiefs. Angeregt durch den lebhaften Aufschwung seit 1896 erfolgte 1897 die Bildung eines neuen Kartells, das die Preise zunächst nur mäfsig beeinflufste[1]. Die Nachfrage stieg hier so enorm, dafs das Angebot an Stahlknüppeln für den Bedarf der Walzdrahtfabrikanten nicht entfernt ausreichte. Erst 1899 trat eine starke Steigung der Drahtpreise ein. Die Krise von 1900 hat das Kartell überdauert. Ebenso haben sich in den Industrien, die den Draht weiterverarbeiten, mächtige Kartelle gebildet[2], so in Drahtstiften seit dem 1. Oktober 1898, Drahtgeflecht, Drahtgewebe.

Die Industrie von Bau- und Trägereisen ist, wie der Bau von Häusern in den Grofsstädten überhaupt, besonders stark wirtschaftlichen Schwankungen unterworfen. Daher werden schon früh Versuche gemacht, die Produktion in geregelten Grenzen zu halten. Ein 1882 gegründetes Kartell in schmiedeeisernen Trägern[3] reguliert in den folgenden schlechten Jahren mitunter erfolgreich die Preise. Es brach zwischen 1890 und 1892 in der Krisenzeit zusammen, wurde aber 1894 wieder hergestellt und besteht noch. Auch Träger waren in den letzten Jahren Gegenstand grofser Preiserhöhungen. — In Rheinland-Westfalen besteht seit 1895 ein Halbzeugverband. —

Man kann den Entwicklungsgang der Fabrikatindustrie und den Einflufs des Zolls innerhalb desselben etwa dahin zusammenfassen:

I. Sowohl der heimische Bedarf, als der Export haben sich enorm vermehrt. Der erstere ist abhängig von den wirtschaftlichen Konjunkturen überhaupt, daneben besonders Handelseisen von den Ernten, Bleche und Platten von den auf politischen Erwägungen beruhenden Bestellungen der Kriegsmarine, sowie denen der Handelsschiffahrt, die nicht immer durch die allgemeinen Konjunkturen beeinflufst sind. Grofsen Vorteil brachten diesen Industrien die Handelsverträge, besonders mit Rufsland. Zwischen dem Durchschnitt der Jahre 1889—1893 und 1894—1899 stieg der Export dahin in Stabeisen von 29000 t auf 84000 t, in Eck- und Winkeleisen von 6000 t auf 33000 t, in Blechen und Platten von 11000 auf 42000 t. Ebenso wuchs die Ausfuhr von Blechen, Stab- und Winkeleisen nach der Schweiz, von Draht nach Österreich und von Blechen nach Belgien beträchtlich.

II. In der Produktion erzielte man wesentliche Verbesserungen. In technischer Hinsicht kommt besonders die

[1] „Stahl und Eisen“ 1899, S. 456.
[2] Ebenda, 1899, S. 103 und S. 456.
[3] Ebenda 1892, S. 1111, 1899, S. 943.

Ersetzung des Schweifs- durch das Flufseisen in Betracht. Kesselbleche kann man in der gewünschten Zuverlässigkeit überhaupt erst seit Benutzung des basischen Siemens-Martinprozesses herstellen[1]. Der Stahldraht ist dem Eisendraht so überlegen, wie der Stahl dem Eisen. Das Walzverfahren ist sehr vervollkommnet worden. Die Stahlblöcke werden in der beim Hochofenprozefs erzeugten Hitze gewalzt. Stabeisen, das man 1879 grofsenteils noch hämmerte, walzt man jetzt allgemein, und zwar so, dafs das Eisen in einem Prozefs die gewünschte Form erhält und nicht wiederholt bearbeitet zu werden braucht[2]. — Die Drahtindustrie gewinnt im Eisenvitriol auch ein wertvolles Nebenprodukt.

Die meisten Produktionsverbesserungen, die bei dem Roheisen eingehend besprochen wurden (§ 6), gelten auch hier, so die Verbilligung der Arbeitsleistung, die Erwerbung der Kundschaft und besonders die Betriebskombinationen, die meistenteils von den Fabrikatindustrien ausgingen und sie von den Roheisen-, zum Teil auch Koks- und Kohlenpreisen unabhängig machten.

Die dadurch herbeigeführte Kostenersparnis läfst sich noch weniger in Geld umrechnen als bei Roheisen.

III. Der Bezug von ausländischen Fabrikaten beeinflufste die Lage der deutschen Industrie kaum, denn er war nur in guten Jahren irgendwie erheblich, in Depressionsjahren dagegen minimal. — Die deutsche Industrie war der ausländischen überall mindestens ebenbürtig.

IV. Aufser durch den Zoll wurde namentlich die Industrie von Schiffsblechen durch staatliche Aufträge bevorzugt. Der Grundsatz, zum Bau der Kriegsmarine das Material nur von heimischen Werken zu beziehen, wirkt unter Umständen viel radikaler als ein Schutzzoll, wie sich das 1900 bei den viel besprochenen Vergebungen der Nickelstahlplatten gezeigt hat. Mit dem Zoll steht diese Erscheinung nicht im Zusammenhang.

V. Der Zoll hat das schon vorher geringe ausländische Angebot noch weiter abgeschwächt. Da aber die heimische Produktion den Bedarf weit überstieg, erzielten die deutschen Industrien lohnende Preise nur, soweit sie sich kartellierten. Der Auflösung eines Kartells folgte regelmäfsig ein Niedergang der Preise. Die Gründung der Kartelle ist durch den Zoll wesentlich unterstützt worden; dafs er die notwendige Voraussetzung war, läfst sich nicht beweisen, da die heimischen Produktionsbedingungen schon an sich denen des Aus-

[1] Vgl. „Stahl und Eisen“ 1887, S. 611.
[2] Vgl. Wedding, Eisenhüttengewerbe S. 105, 106.

landes zum Teil überlegen waren. — Die Kartelle waren im zweiten Jahrzehnt stärker und widerstandsfähiger als im ersten. Die Kartelle haben nun zu Zeiten den Zoll ausgenutzt, indem sie den Inlandspreis über den Weltmarktspreis steigerten. Feststellen läſst sich das bei Stabeisen für die Jahre 1890—1893, also bis zur Auflösung des Walzwerkverbands [1], bei Trägern [2] und Draht seit 1897 [3]. Für Bleche ist es bei den groſsen Unterschieden der Qualität nicht möglich. Bei vielen Walzwerksprodukten ist die Überlegenheit der deutschen Industrie so groſs, daſs die Inlandspreise schon sehr steigen müſsten, bevor ein Import lohnend würde.

Die Syndikate haben ferner den Zoll benutzt, um an das Ausland billiger zu verkaufen. Dies gilt regelmäſsig in den letzten Jahren für Grobbleche und Draht [4], aber auch für viele Walzwerksprodukte. Und zwar ist die Differenz zu Gunsten des Auslandes annähernd gleich dem Zollbetrag, zwischen 15 und 25 Mk.

Dies schädigt, wie schon in § 8 hervorgehoben wurde, die Konkurrenzfähigkeit der deutschen Industrien, die Bleche und Draht verarbeiten, gegenüber dem Ausland. Um dies zu vermeiden, gewähren wieder die Grobblech- und Walzdrahtkartelle Ausfuhrvergütungen, jene an die Fabrikanten gelochter Bleche [5], diese an die Drahtstiftfabrikanten (1898 10 Mk., 1900 20 Mk.) [6].

Dadurch wird meist eine Benachteiligung der deutschen Exportindustrie ausgeschlossen, und zwar auf Kosten der deutschen Konsumenten, aber doch nicht immer. Nun läſst sich allerdings ein sicherer statistischer Beweis kaum dafür erbringen, daſs die auf Kosten des Inlands erfolgende billigere Ausfuhr die ausländische Produktion stärkt, und diese unserm Export entgegentritt. Eine etwaige Vergröſserung der ausländischen Produktion, wie die Abnahme unseres Exports an Eisenwaren, können auch auf anderen Gründen beruhen. Auſserdem handelt es sich hauptsächlich um Erscheinungen der letzten Jahre. Für Drahtfabrikate, insbesondere für verkupferten und verzinnten Draht, läſst sich die oft gehörte Behauptung aber doch statistisch belegen. Während nämlich die Ausfuhr rohen Eisendrahts nach England und Belgien die gröſsten Dimensionen angenommen hat, zwischen

---

[1] Vogelstein a. a. O. S. 72 fg. Dieser irrt sich aber wohl, wenn er die Preiserhöhungen nach 1894 einem Walzwerkverband zuschreibt.

[2] Ebende S. 81.

[3] Vgl. Tab. V.

[4] Vgl. die schon angeführten Preisnotierungen der Nationalzeitung, sowie Vogelstein a. a. O. S. 81 (1901 um 30 Mk.).

[5] Ebenda S. 81.

[6] Ebenda S. 82 nach den Handelskammerberichten von Siegen und Saarbrücken.

1900 und 1901 nach England von 21500 t auf 38900 t, nach Belgien von 19300 auf 37400 t stieg, ist die Ausfuhr bearbeiteten Drahts seit 1899 ganz wesentlich herabgegangen, noch zwischen 1900 und 1901 nach Engand von 21600 auf 17300 t, nach Belgien von 2400 auf 1500 t, während doch sonst überall der Export stark zunimmt. Ähnlich hat auch die Ausfuhr von Drahtstiften in den letzten Jahren nicht zugenommen, sondern ist eher zurückgegangen.

Es dürfte diese Erscheinung unbedenklich auf den zu niedrigeren Preisen erfolgenden Export des Walzdrahtsyndikats zurückzuführen sein[1].

§ 10. Weifsblech.

Eigenartig gestaltete sich die Entwicklung der Weifsblechindustrie, die das Material — verzinntes Eisenblech — zu Haushaltungs- und anderen wichtigen Gebrauchsgegenständen liefert.

Unter dem prohibitiven Zollschutz von 240 Mk. pro t bis 1865 und 150 Mk. bis 1870 hatte sich 1862 eine viel besprochene Koalition gebildet[2], die mit grofsem Erfolg die Preise so hoch hielt, dafs sie immer nur etwas niedriger standen, als die englischen plus Fracht plus Zoll[3]. Die Koalition hatte sich auch nach der Zollreduktion auf 70 Mk. 1870 gehalten, war dann aber nach der weiteren Herabsetzung auf 20 Mk. 1873 verfallen[4]. Die Einfuhr war in den Gründerjahren erheblich gestiegen, ging dann nach der Krise nicht, wie die gesamte übrige Einfuhr, zurück, vergröfserte sich vielmehr noch, besonders 1877 nach der völligen Aufhebung des Zolls. Nicht im selben Mafse vermehrte sich die Produktion. Trotzdem das deutsche Angebot den Bedarf durchaus nicht deckte, war nach der Enquete auch die Lage der Weifsblechindustrie ungünstig, hauptsächlich infolge der englischen Überproduktion, die, auf dem amerikanischen Markt bedroht, sich nach Deutschland ergofs. Nach den Daten der Handelsstatistik machte sie über die Hälfte, nach den wohl zutreffenden Berechnungen Serings über ein Viertel der heimischen Produktion aus (5300 bezw. 2500 t i. J. 1879). Die Schutzzollmehrheit setzte daher, gegen den lebhaften Widerspruch der Minorität, einen Zoll von 50 Mk. pro t fest,

---

[1] Der neue Zolltarifentwurf läfst Stabeisen im wesentlichen unverändert, Bleche und Draht werden nach der Stärke mehr differenziert, und der Zoll für feineren Draht und Bleche wesentlich erhöht.

[2] Vgl. Bücher in den Verhandlungen des Vereins für Socialpolitik, Bd. 61 S. 142.

[3] Nach den unwidersprochenen Angaben des Eisenhändlers Ravené in der Enquete S. 41.

[4] Nach Angabe Stumms ebenda bestand sie 1878 nicht mehr.

wie er in dieser Höhe sonst nur Eisenwaren zuerkannt wurde. Er sollte nicht nur als Ausgleich für die Verteuerung der Rohstoffe dienen, sondern auch als ein selbständiger kräftiger Schutzzoll, um so mehr, als das andere Rohmaterial, Zinn, zollfrei blieb. Er entsprach einem Wertzuschlag von etwa 15 % und ging über den Satz der Jahre 1870—73 hinaus.

Der Zoll war das typische Beispiel eines Erziehungszolls Listscher Art: Ein lebensfähiger Produktionszweig, der den heimischen Bedarf noch nicht decken und der überlegenen Auslandskonkurrenz gegenüber nicht aufkommen kann, soll durch den Zollschutz aufgezogen werden, bis er die Nachfrage zu befriedigen vermag.

Im wesentlichen ist denn auch die Entwicklung bis 1896 so verlaufen. Die Einfuhr liefs nach der Zollreform 1879 alsbald nach, allerdings nicht stetig, sondern mit Schwankungen, während sich die Produktion in gerader Linie aufwärts entwickelte. Der Anteil der Einfuhr am Verbrauch nahm ab; er betrug durchschnittlich 1881—85 30 %, 1886—90 14 % und 1891—95 nur 5 %. — Die Ausfuhr blieb immer unbedeutend. —

Anfangs der 80er Jahre litt die Weifsblechindustrie unter den zeitweilig hohen Eisenpreisen und der beständigen Zinnspekulation, 1883 aber blieb sie trotz starker englischer Konkurrenz von dem allgemeinen Preisfall unberührt. Erst 1886 machte sich die englische Überproduktion auf dem deutschen Markt wieder empfindlich bemerkbar, verschärft noch durch den bevorstehenden Eintritt Hamburgs in den Zollverein, da dessen Händler sich die Vermittlung englischer Waren nicht entgehen lassen wollten und noch rasch grofse Mengen englischen Weifsblechs bezogen hatten [1]. Ein englisches Kartell trat dann der Überproduktion entgegen, und 1888 nahm auch die Weifsblechindustrie an dem allgemeinen Aufschwung teil. In den 90er Jahren blieb die englische Einfuhr zunächst mäfsig, und die Preise standen bei regelmäfsiger Nachfrage nicht ungünstig.

Dies änderte sich, als die Vereinigten Staaten, bisher die Hauptabnehmer des Süd-Waliser Weifsblechs [2], durch die Mc-Kinley-Bill ihre Grenze schlossen, unter der alsbald erfüllten Bedingung, dafs bis zu einem gewissen Zeitpunkt eine genügende Weifsblechproduktion im Inlande bestände. Unter einem enormen Zollschutze entwickelte sich dieselbe mächtig. Der früher 100 000 t jährlich übersteigende Import aus England verschwand zwar nicht, da dieses wesentlich geringere

---

[1] „Handel und Industrie in Deutschland" 1884—88, S. 193—195. Vgl. auch „Das deutsche Wirtschaftsjahr" 1882, S. 281.

[2] Man verwendet es vorzüglich zur Herstellung von Konservenbüchsen und Dächern, terne plates. Vgl. „Stahl und Eisen" 1897, S. 799.

Produktionskosten hat, ging aber doch auf 60 000 t zurück. Da nun England von den im Jahre durchschnittlich erzeugten 300 000 t nur etwa 130 000 t selbst gebraucht, so sahen sich die Süd-Waliser Werke alsbald der Gefahr der Überproduktion ausgesetzt. Sie suchten dem auf zweifache Weise zu entgehen, durch den verhältnismäfsig einfachen Übergang zur Feinblechherstellung, sowie ferner durch Forcierung des Exports nach andern Staaten, nach Frankreich, Rufsland und Deutschland.

Als nun 1896 bei uns der grofse Aufschwung einsetzte, und die Nachfrage auch nach Weifsblech stieg, da wuchs die englische Einfuhr rasch und stark, von 1400 t i. J. 1895 auf 10 400 t i. J. 1896 und 1899 sogar auf 23 800 t; 1900 ging sie auf 18 000 t herunter. Mit dieser Steigerung vermochte die Produktion, im Gegensatz zu der übrigen Eisenindustrie, nicht Schritt zu halten; sie wuchs von 1894—98 nur wenig. Als Grund hierfür wird angegeben[1], dafs die meisten Industriellen nicht nur Weifsblech, sondern auch Feinblech herstellten, und nun, ebenso wie die englischen Werke, in gröfserem Mafse zur Fabrikation von Feinblech übergingen, um so eher, als sie hier fremdem Wettbewerb nicht ausgesetzt waren. Darnach handelt es sich um eine mehr zufällige Erscheinung, die an dem Gesamtergebnis nichts ändert, dafs sich die Industrie unter dem Schutze eines Erziehungszolls kräftig entwickelt hat. Allerdings beweist jenes Nachlassen der Produktion zu Zeiten höchsten Bedarfs auch, wie wirkungslos die energischsten staatlichen Mafsnahmen unter Umständen gegenüber privaten Kalkulationen und Spekulationen sein können. Das Endziel des Erziehungszolles, die Stärkung der Industrie bis zu dem Punkte, dafs sie des Zollschutzes entraten kann, ist bei Weifsblech noch nicht eingetreten[2].

Das Kartell, das sich alsbald wieder gebildet hat, ist hier allein dem Vorhandensein des Schutzzolls zuzuschreiben; zu einer grofsen Ausnutzung derselben ist es aber, wie gezeigt, nicht gekommen.

Im ganzen ist die deutsche Produktion gegenüber der grofsen Industrie in Wales und Nordamerika unbedeutend — nur etwa je ein Zehntel —, aber auch der deutsche Bedarf ist sehr viel schwächer. Immerhin besteht an einigen Plätzen, besonders Berlin, daneben auch Breslau und Dresden, eine gröfsere Industrie von Haushaltungsgegenständen, die Weifsblech verarbeitet. Ihre Interessen sind bezüglich des Schutzzolls denen der Weifsblechfabrikanten scharf entgegengesetzt; wie diese eines Schutzes gegen die überlegene englische

[1] In den Berichten der Ältesten der Berliner Kaufmannschaft.

[2] Nach dem neuen Tarifentwurf soll der Zoll für Weifsblech unter 1 mm Stärke auf 5,50 Mk. erhöht werden, sonst unverändert bleiben.

Konkurrenz bedürfen, ebenso sehr ist jener daran gelegen, dafs ihr Rohstoff nicht verteuert wird, um so mehr, als sie viel exportiert und daher eine Steigerung der Selbstkosten schwer empfindet. Ein gemeinsames Interesse haben schliefslich beide Industrien an der Herabsetzung der auf der langen Strecke von den Montanbezirken nach Berlin und Dresden recht kostspieligen Frachten. —

Wie auf vielen Gebieten durch die Fortschritte von Wissenschaft und Technik, so ist es auch hier gelungen, die früher als wertlos betrachteten Abfälle zu verwenden, indem man auf chemischem, mechanischem oder elektrolytischem Wege das Eisen vom Zinn trennt, und beide in einen neuen Produktionsprozefs schickt[1]. Von grofser Bedeutung ist dies für die Vereinigten Staaten, besonders Chicago, wegen der so ermöglichten Verwendung alter Konservenbüchsen, aber auch in Deutschland ist eine Industrie daraufhin entstanden. Zu ihrer Unterstützung hat der Bundesrat am 9. März 1899 den Ausschlufs der im Auslande entzinnten Abfälle vom Bezuge auf zollfreies Lager angeordnet. Einer gröfseren Entwicklung stehen aber schon die hohen Beförderungskosten der sehr voluminösen Gegenstände zu den Produktionsstätten entgegen, wenngleich Verhandlungen über Ermäfsigung der Frachten im Gange sind[2]. —

§ 11. Schienen und sonstige Eisenbahnbedarfsartikel.

Die Herstellung von Eisenbahnschienen war für alle Eisenindustrien der Welt von gröfster und wachsender Bedeutung. Auch in Deutschland hatte sich eine lebhafte Produktion entwickelt, und es fand schon in den 60er Jahren ein ziemlich reger Export statt. Von 1865—73 hatte der hohe Zoll von 50 Mk. pro t auf Schienen gelegen; auch er war 1873 auf 20 Mk. herabgesetzt worden und vom 1. Januar 1877 an weggefallen. Von allen Zweigen der Eisenindustrie war die der Schienen in den 1870er Jahren wohl am schwersten bedrängt. Nach der Enquete betrugen pro t Schienen die

in	Produktionskosten Mark	Verkaufspreise Mark.
Hösch	110	140
Westfalen	122—129	120—148
Maxhütte	140	165
Laurahütte	165	150—165[3].

[1] „Stahl und Eisen“ 1897, S. 833.
[2] Bericht der Handelskammer von Essen 1898, S. 44, 1899, S. 39.
[3] Vgl. Kommissionsbericht S. 30. — Auslandspreis in Bochum 30 Mk in Hösch 38 Mk niedriger.

Der Grund des schlechten Preisstandes war nach Aussage der scharf agitierenden Idustriellen im ausländischen Wettbewerb, vor allem dem Englands, zu suchen, von wo der Export nach Aufhebung des Zolls enorm zugenommen hätte. Die Engländer könnten nicht nur billiger produzieren als Deutschland, sondern verkauften auch mit Verlust ins Ausland und beteiligten sich mit unverständlich niedrigen Preisen an den deutschen Submissionen in der ausgesprochenen Absicht, unsere Industrie zu vernichten.

Tatsächlich bezogen die englischen Schienenwerke Bessemerroheisen billiger und forcierten auch den Export. Aber erdrückend grofs war die englische Konkurrenz in Deutschland gleichwohl nicht. Die grofsen Eisenbahnanlagen der Gründerzeit hatten 1872/73, da die deutsche Produktion den Bedarf nicht erreichte, einen lebhaften Schienenimport (1873 44600 t) veranlafst; derselbe ging aber bereits 1874 und noch mehr 1876 zurück. Nun zeigt allerdings für die Zeit nach Aufhebung der Zölle 1877 die Einfuhrstatistik auf den ersten Blick ein starkes Steigen der Einfuhr bis auf 64000 t; in Wahrheit enthält diese Ziffer aber auch die grofse englische Durchfuhr nach Rufsland [1]; die Einfuhr zum Verbleib war wesentlich kleiner. Sering nimmt auf Grund der englischen Ausfuhrstatistik wohl ein Wachsen des Imports zwischen 1876 und 1877 an, berechnet ihn aber nur für 1877 auf 7700 t, für 1878 auf 5500 t. Das bedeutet gegen 1876 eine Zunahme, nicht aber gegen 1874 und 1875, und nur sehr wenig im Vergleich zur Produktion, die etwa 430000 t ausmachte. Von 1877 auf 1878 nahm die Einfuhr wesentlich ab. Die englische Konkurrenz, die durch die Aufhebung des Zolls zunächst verstärkt war, wurde alsbald wieder mit Erfolg verdrängt. Bemerkbar machte sie sich vor allem im Nordosten Deutschlands, wohin England geringere Frachtkosten zu bezahlen hatte. Allerdings waren wahrscheinlich nicht alle über See in den Ostseehäfen eingehenden Schienen englisches, sondern zum Teil auch westfälisches Fabrikat [2]. Dabei war der Export sehr grofs; er wurde allerdings forciert.

Die Hauptursache für die schlechte Lage der Schienenindustrie war vielmehr — in noch höherem Mafse als bei Roheisen — der anormal geringe heimische Bedarf in den Jahren 1875—1879 und die denselben weit überschreitende Produktionsfähigkeit der deutschen Walzwerke. Nirgends hatte die Gründerzeit so viele unsolide Anlagen hervorgerufen wie

[1] Sering a. a. O. S. 166, 208, 209. Nach der Handelsstatistik betrug die Durchfuhr 1876 18300 t, 1877 nur 500 t!

[2] So nach der Meinung des preufsischen Finanzministers; vgl. Sering a. a. O. S. 198.

bei dem Eisenbahnbau, da man eine riesige Erweiterung des Eisenbahnnetzes erwartete. Von 1871—1875 waren 6532 km Schienen gelegt[1], und allein 1873 570 000 t Schienen hergestellt worden. Demensprechend waren die Anlagen eingerichtet. Um so stärker wirkte auch die Krise: der Eisenbahnbau wurde vielfach plötzlich unterbrochen, neue Aufträge nicht erteilt; die Schienen lagen unverkäuflich da. Die Höhe der Überproduktion ersieht man daraus, dafs hergestellt wurden in 1000 t:

1873	570	1875	470	1877	399	1879	370.
1874	603	1876	380	1878	432		

Dazu kam, dafs immer noch mehr produziert wurde, als verkauft werden konnte. Den Bedarf der Jahre 1874—1878 vermochten zwei der grofsen Werke vollauf zu decken, oder, wie Baare in der Eisenenquete sagte: Krupp und Bochum spielen damit. — Der Bedarf war aber deshalb ungewöhnlich niedrig, weil die Privatbahnen mit Rücksicht auf die bevorstehende Verstaatlichung keine Neuanschaffungen vornahmen und ihr Material nicht auswechselten.

Einen besonders schweren Stand hatten die Werke, die noch bei der Fabrikation aus Schweifseisen geblieben waren, gegenüber der Massenproduktion der Flufsstahlwerke. —

Es war also die schlimme Lage der Schienenwalzwerke anzusehen als eine Folge des Mifsverhältnisses zwischen der aus den Gründerjahren stammenden gewaltigen Produktionsfähigkeit und der ungewöhnlich geringen Nachfrage, wozu als weitere Verschärfung die englische Überproduktion hinzutrat. —

Trotzdem wurden auch in den schlechtesten Jahren Schienen ins Inland zu einem höheren Preise als ins Ausland verkauft. Schon seit 1864 bestand nämlich eine Schienengemeinschaft[2], wohl eines der ältesten deutschen Kartelle, und dieses verhinderte Preisunterbietungen bei inländischen Submissionen. Die Staatsbahnen aber bevorzugten grundsätzlich die heimischen Werke und fügten sich daher meist den Preisstellungen der Schienengemeinschaft. Auf Grund dieser Erscheinungen erhob sich daher auch im Reichstag unter Führung Eugen Richters eine lebhafte Opposition gegen jeden Schienenzoll[3]. Von schutzöllnerischer Seite wurde die Taktik der Schienengemeinschaft, an das Ausland zu niedrigeren Preisen zu verkaufen, zugegeben, aber mit der Notlage der Fabrikanten entschuldigt. Stumm erklärte, nach Einführung

[1] Sering a. a. O. S. 156.
[2] Ob ununterbrochen, kann ich nicht feststellen.
[3] Debatte vom 16. Mai 1879.

ausreichender Zölle würde auch er dies Verfahren mifsbilligen.

Der Zollsatz von 25 Mk. pro Tonne kam etwa einem Wertzuschlag von 25 % gleich; er sollte die voraussichtliche Erhöhung der Produktionskosten ausgleichen und aufserdem als selbständiger Schutz dienen. —

Nach dem Inkrafttreten des Zolls sank die Einfuhr sofort erheblich, auf 1279 t i. J. 1880, und verblieb auch andauernd auf diesem niedrigen Stande. Nur in einzelnen Jahren 1887, 1891 zeigt sich ein plötzliches Anwachsen auf 10 800 t, bezw. 15 000 t. Selbst in den letzten Jahren nahm der Import kaum zu. Mit wenigen Ausnahmen war er also verschwindend gering.

Die stark schwankende Produktion stieg bis 1895 nicht wesentlich. Erst in den letzten Jahren hat sie sich verdoppelt und einen auch 1874 nicht erreichten Umfang angenommen. — Auch die Ausfuhr wuchs nicht sehr; sie richtete sich im letzten Jahrzehnt hauptsächlich nach England (durchschnittlich 19 000 t), Holland (15 000 t) und dessen indischen Besitzungen, Rufsland und der Schweiz. —

Anfangs der 1880er Jahre brachten der Schienenindustrie neben den nordamerikanischen Aufträgen eine entschiedene Besserung die deutschen Bestellungen, die nach der Verstaatlichung der Eisenbahnen ziemlich lebhaft einliefen. Sie beschäftigten die Walzwerke allerdings bei weitem nicht bis zur Grenze ihrer Leistungsfähigkeit, so dafs ein erheblicher Gewinn nicht erzielt wurde. 1884—1886 verständigte sich die Schienengemeinschaft mit englischen und belgischen Kartellen über Absatzgebiete und Preise[1]. In den folgenden Jahren vermochte sie bei den schwachen Bestellungen des Staates und der scharfen Konkurrenz auf dem Weltmarkte ungünstige Preise nicht zu verhindern. Von 1887/88 an stiegen die staatlichen Aufträge, um in der Zeit der wirtschaftlichen Krisis 1891—93 wieder nachzulassen. 1892 wurde die Schienengemeinschaft auf weitere 5 Jahre verlängert[2], ebenso dann 1897. Erst 1896 beginnen die grofsen, der heimischen Industrie vollauf zu gute kommenden Schieneneinkäufe der Staaten, vorzüglich Preufsens. Dies bewirkt auch nach langem Stillstand ein enormes Anschwellen der Produktion.

Dazu kam aufserdem im letzten Jahrfünft die starke, mit dem Aufschwung unserer Elektrizitätsindustrie zusammenhängende, Verbreitung der Strafsenbahnen. Ihr Schienenbedarf kam zuweilen dem der Staatsbahnen fast gleich; so stieg die Kilometerzahl der gelegten Schienen allein in den zwei

---

[1] Stahl und Eisen 1884, S. 300. 1886, S. 215.

[2] Ebenda, 1892, S. 680.

Jahren von 1896—98 von 854 auf 2812[1]. Bei der Ausdehnug unserer Grofsstädte ist ein weiteres Anwachsen der Strafsenbahnen zu erwarten. —

Es lassen sich darnach folgende Ergebnisse feststellen:

I. Für die Lage der Schienenindustrie waren in erster Linie bestimmend die staatlichen Bestellungen, daneben der Export und besonders, in den letzten Jahren, der Bau von Strafsenbahnen. Die Aufträge des Staates brauchen sich nicht nach wirtschaftlichen Konjunkturen zu richten; er bedarf nämlich neuer Schienen 1. regelmäfsig zur Auswechslung der alten, 2. aufsergewöhnlich zum Bau neuer Bahnstrecken, und beides kann in guten wie in schlechten Jahren notwendig sein. Meist trafen allerdings Jahre des Aufschwungs mit starken, Depressionszeiten mit schwachen Bestellungen aus finanzwirtschaftlichen Gründen zusammen. Erst in den letzten Jahren, wohl seit der durch Miquel herbeigeführten Gesundung des Etatwesens, hat man in Preufsen die Schienenankäufe von dem Schwanken der Staatseinnahmen unabhängiger zu machen gesucht. Ein regelmäfsiges Eingehen der Schienenaufträge, besonders auch in schlechten Zeiten, ist für den gleichmäfsigen Betrieb der Schienenwalzwerke sehr wichtig, um so mehr als sie meist auch andere Waren herstellen.

Der Export wurde durch die Handelsverträge gefördert. Rufsland bezog von uns 1889—93 durchschnittlich 1250 t, 1894—1900 durchschnittlich 9000 t. —

II. Die Fortschritte der Technik, in erster Linie die Erfindung des Thomas, ermöglichten die Herstellung der Schienen zu denselben Produktionskosten wie in England — Aus Schweifseisen werden Schienen kaum noch hergestellt. (1898: 11 800 t.)

III. Insoweit die Roheisenpreise nicht stiegen, war der Zoll lediglich Schutzzoll. Da die Produktion den Bedarf weit überschritt, konnte der Zoll ohne weiteres keinen Einflufs haben. Er erlangte denselben aber durch die Mafsregeln der Schienengemeinschaft. Diese schränkte die Produktion andauernd stark ein und hielt sie weit unter dem Stande der Jahre 1873/74. Darum lassen hier auch höhere Preise noch nicht unbedingt auf günstige Verhältnisse schliefsen. Aufser durch den Zoll wurde die Schienenindustrie auch bei staatlichen Submissionen im Inlande grundsätzlich bevorzugt, denn diese Praxis hörte nach der Einführung des Zolls keineswegs auf, vielmehr erhob sich bei jeder Submission an ein ausländisches Werk eine heftige Opposition seitens der deutschen Schienenwerke. Daher haben die Regierungen auch nur sehr selten Aufträge an ausländische Firmen vergeben, wie 1891

---

[1] Stahl und Eisen 1900, S. 175.

die Eisenbahndirektion Magdeburg[1] 8000 t und 1892 Bromberg[2] 10 000 t Schienen nach England, woher billigere Angebote vorlagen. — Im Spätherbst 1891 schlofs der preufsiche Eisenbahnminister sogar mit der Schienengemeinschaft einen festen Lieferungsvertrag auf alle anzuschaffenden Schienen; am 1. April 1894 wurde er auf fünf Jahre unter Zugrundelegung eines Preises von 108 Mk. und dann wieder 1899 erneuert[3].

Diese doppelte Bevorzugung hat sich die Schienengemeinschaft vollauf zunutze gemacht. Sie hat andauernd die Preise zum mindesten um den vollen Zollbetrag über den Weltmarktspreisen gehalten. Nach einem Vergleich mit den Preisnotierungen des Londoner Economist stellt Vogelstein[4] fest, dafs rheinisch-westfälische Schienen sicher seit 1890 gewöhnlich 30—35 Mk. mehr als Steel rails in London kosteten, darunter nur 1896 und 1900, wo auch die englischen Preise sehr hoch waren, noch erheblich darüber 1890 und 1899. Ebenso standen die Preise immer weit über den Produktionskosten, die auf höchstens 80—85 Mk. anzusetzen sind.

Ferner aber hat das Kartell ständig nach dem Ausland die Schienen wesentlich billiger verkauft als in Deutschland. So lieferte 1883 das Phönixwerk an den preufsischen Fiskus die Tonne Schienen für 139 Mk., nach Italien für 83 Mk.[5] Nach Südamerika wurden 1891 40 000 t Schienen für 83 Mk. oder um 25 Mk. niedriger als gleichzeitig an Preufsen verkauft.[6] Die Zahl dieser Beispiele liefse sich noch leicht vermehren, die Tatsache wird aber meines Wissens gar nicht in Abrede gestellt, vielmehr von den Produzenten als etwas normales bezeichnet. Die Auslandspreise decken gewöhnlich die Selbstkosten, und die Inlandspreise bedeuten einen Überschufs. — Diese Erscheinungen wären ohne den Zoll oder staatliche Begünstigung nicht denkbar.

IV. Der billigere Verkauf an das Ausland hat unsere Exportindustrie weniger geschädigt, als bei andern Fabrikaten wie Draht, weil Schienen fertige Waren sind. Desto bedenklicher sind die Wirkungen auf die Gesamtheit, deren Interessen sich mit denen des Staatsfiskus als fast einzigem Abnehmer decken.

Es ist natürlich, dafs der Staat die inländischen Submittenten besonders bei schlechtem Geschäftsgange bevorzugt hat. Er ist auf ihre Steuerkraft angewiesen und hat ein sozialpolitisches Interesse an ausreichender Beschäftigung der Arbeiter. Aufserdem entgeht ihm bei Bestellungen ans Aus-

---

[1] Stahl und Eisen 1891, S. 538.
[2] Ebenda 1892, S. 287.
[3] Ebenda 1893 S. 130, 401, — 1899, S. 102.
[4] a. a. O. S. 73.
[5] Lebhaft besprochen im preufsischen Landtag am 22. Januar 1884.
[6] Vgl. preufsische Landtagsverhandlung am 10. April 1893.

land unter Umständen ebensoviel an Fracht, als er durch den geringeren Auslandspreis plus seinem Anteil am Zollgewinn erspart, z. B. wenn englische oder amerikanische Schienen die Elbe hinaufschwimmen. Aber diese Vorteile hören dann auf, wenn der Staat, wie in dem angeführten Beispiel aus dem Jahre 1883, exorbitant hohe Preise bezahlen mufs. Um so mehr als es sich bei der grofsen Produktionsfähigkeit der heimischen und ausländischen Werke fast niemals um Preise handelt, wie sie auch auf freiem Markt bestanden hätten. Da nun im Interesse jedes Standes, besonders aber der Landwirtschaft, jede Ausdehnung des Schienennetzes liegt, so bedeutet jede Verlangsamung des Eisenbahnbaues infolge Verteuerung des Materials eine Schädigung der Allgemeinheit; denn der Vermehrung der Eisenbahnen stehen doch nur finanzielle Gründe entgegen.

Die bisher zwischen Preufsen und dem Kartell geschlossenen festen Verträge haben dem Staat wohl kaum Nachteil gebracht, da sie 1891 wie 1894 auf Grundlage mäfsiger Preise geschlossen sind, dagegen dürfte der Vertrag von 1899 dem Staate teuer zu stehn kommen.

Der Staat erschwert sich durch den Zoll die eigene Situation als Käufer, indem er den Walzwerken ermöglicht, bei den Angeboten die Preise bis auf die Zollhöhe zu steigern.

Im ganzen hat danach der Schienenzoll folgende Ergebnisse gezeitigt: Er erschwerte die Einfuhr, er ermöglichte in Verbindung mit staatlicher Bevorzugung der Gemeinschaft eine hohe Preisstellung im Inland und billigeren Verkauf ins Ausland; er schädigte den Fiskus bei Schieneneinkäufen[1]. —

Ebenso wie bei Schienen verlangt die Eisenindustrie auch bei einem anderen wichtigen Eisenbahnbedarfsartikel staatliches Entgegenkommen, besonders in Zeiten schlechter Beschäftigung: bei den Querschwellen. Diese werden heute noch zum gröfsten Teil aus Holz hergestellt, zu einem erheblichen auch schon aus Eisen, in Preufsen etwa 25 %, in der Welt knapp 10 %[2], — und es ist ein seit fast 20 Jahren währender Streit, ob die hölzerne oder die eiserne Schwelle den Vorzug verdient, insbesondere welche sich rascher abnutzt. Begründet wird das Verlangen der Eisenenindustrie hauptsächlich damit, dafs die Eisenschwelle deutschen Werken entnommen werden könnte, die Holzschwelle dagegen fremden Wäldern, da unsere heimischen dazu nicht ausreichten.

Bei den Eisenbahnbedarfsartikeln wurde schon in der Eisenenquete der ausländischen Konkurrenz kein Einflufs beigemessen. Eine Einfuhr findet bei Schwellen, Laschen,

[1] Im neuesten Tarifentwurf bleibt der Schienenzoll unverändert.
[2] Stahl und Eisen 1897, S. 700. 1886, S. 27.

Unterlagsplatten — Zollsatz 25 Mk. — ebensowenig statt wie bei Achsen, Radreifen, Rädern — Zollsatz 30 Mk.; durch den österreichischen Handelsvertrag auf 25 Mk. ermäfsigt, — und bei Puffern und Federn — Zollsatz 30 Mk., überall dagegen eine rege Ausfuhr[1]. Der Import an Schwellen und Laschen erreichte im letzten Dezennium nie 1000 t, während der Export zwischen 30000 und 63000 t schwankte, bei einer Produktion von etwa 150000 t (1900: 202000 t). Die Einfuhr an rollendem Eisenbahnmaterial überschritt nur einmal 3000 t, bei einer Produktion von 100000—150000 t und einer Ausfuhr von 25000—47000 t. Die deutschen Werke stellen weit mehr her, als das Inland bedarf, und sind daher sehr auf den Export angewiesen, der nach allen Ländern geht, auch nach den Vereinigten Staaten. Sie haben daher aufser an staatlichen Aufträgen ein grofses Interesse an günstigen Handelsverträgen.

Der Zoll ist an sich nicht hoch und spielt schon um deswillen keine Rolle, weil der einzige Abnehmer, der Staat, sich nicht allein von dem Wirtschaftsprinzip, bei dem wohlfeilsten zu kaufen, leiten läfst. Es finden sich auch hier Syndikate und vielfach Kombinationen mit den Schienenwalzwerken.

§ 12. **Schiffbau und Schiffbaumaterialien.**

Der einzige gröfsere Zweig der Eisenindustrie, der 1879 ohne Schutzzoll blieb, war der Schiffbau samt allen dazu gehörigen Materialien — und gerade dieser stand besonders weit hinter der überlegenen englischen Konkurrenz zurück. Die deutsche Reederei und Schiffahrt begannen sich erst zu einer Zeit zu entwickeln, als die Englands bereits eine völlig beherrschende Stellung einnahm. Doch hatte schon der stetig aufblühende überseeische Handel in den 70er Jahren den deutschen Reedereien besonders in Hamburg und Bremen, daneben Stettin, Danzig, Flensburg eine intensive Tätigkeit ermöglicht. Die Zahl der Kauffahrteischiffe betrug 1874: 4495, wovon jedoch nur 4,75 % Dampfschiffe, mit 41396 Mann Besatzung und 1034000 Registertons Gesamtraumgehalt[2].

Ein grofser, wenn nicht der gröfsere Teil der deutschen Reedereien gehörigen Schiffe wurden nicht bei uns, sondern in England und Holland hergestellt. Gerade in den Jahren 1875/76 hatte aber der deutsche Schiffbau wesentliche Fortschritte gemacht, wie es die Leistungen von Werften wie Vofs & Blohm in Hamburg, Vulkan, Schichau, die Wesergesellschaft, Germania, Howaldwerke, Flensburger Schiffsbauwerft bewiesen. Die meisten Schiffe wurden aus englischem Material hergestellt. An Stelle des hölzernen Segelschiffs trat mehr und mehr das eiserne,

[1] Vgl. ausführlicher Gothein, Deutscher Aufsenhandel I. S. 369fg.
[2] Brockhaus Konversationslexikon, 12. Aufl.

seit 1883 überwiegend das stählerne Dampfschiff. Zwischen 1873 und 1883 stieg die Zahl der eisernen Dampfschiffe von 205 mit 130000 Registertons auf 504 mit 311000 t, während die Segelschiffe von 4311 auf 3855 zurückgingen; die eisernen Segelschiffe speziell vermehrten sich von 38 auf 147 [1].

Der Übergang zum Stahlschiff vergröſserte noch Englands Vorsprung bei der Materiallieferung. Seine groſse Schiffbauindustrie besonders am Clyde, die allein 1880 mehr eiserne Schiffe herstellte, als in Deutschland vorhanden waren, vermochte nicht nur die erforderlichen Waren in viel gröſserer Auswahl, daher rascher und zuverlässiger zu liefern, sondern konnte sie auch, hauptsächlich wegen der billigeren Stahlherstellung, mit geringeren Kosten erzeugen. Allerdings wurde den englischen Werften von Seiten Deutschlands vielfach die Verwendung schlechten Materials vorgeworfen. Auſserdem brauchten die deutschen Werften für englisches Material wesentlich geringere Frachten zu bezahlen als für den Bezug des deutschen. Es mögen daher nicht mehr als 10 % der Werften deutsches Material verwandt haben [2].

Rücksichten auf die Interessen der Reederei veranlaſsten 1879 Regierung und Parlament, das Prinzip der allgemeinen Zollpflicht für Eisenartikel in diesem Fall zu durchlöchern und Schiffe zollfrei einzulassen. Es wurde zwar auch hier ein Zoll in Anregung gebracht, durch den Abg. Mosle, aber man fürchtete, daſs die Maſsregel im besten Fall den Schiffbau in die nicht zum Zollverein gehörigen Freihäfen treiben würde. Da nach den Schiffahrtsverträgen auch auf den groſsen Durchgangsflüssen Schiffe einem Zoll nicht unterliegen dürfen, so lieſs man alle Schiffe frei ein. Wurde so den Werften ein Zollschutz nicht zu teil, so durfte man ihnen auch die Produktion durch Verzollung der Materialien nicht erschweren, die bis dahin fast durchweg vom Ausland bezogen waren, und gewährte daher auch diesen Zollfreiheit, allerdings nicht auch für den Bau von Fluſsschiffen. In Betracht kommen vorzüglich Stabeisen, Bleche, Anker, Ketten, Drahtseile, Nieten.

Es ist also bei dem Schiffbau ein interessantes Gegenstück zu den Wirkungen der Schutzzölle gegeben. Wie nämlich hat sich 1. eine lebensfähige, den Bedarf nicht deckende, der fremden Konkurrenz nicht ebenbürtige Industrie ohne Schutz entwickelt? 2. Ist es den heimischen Werken auch ohne Preisbevorzugung gelungen, den Absatz in der Lieferung von Schiffsbaumaterial zu erobern? —

---

[1] Stahl und Eisen 1884, S. 284.

[2] Ebenda, S. 386 fg.

Der deutsche Schiffbau zeigt seit 1875 das Bild eines stetigen, zum Teil grofsartigen Wachstums. Nicht nur wird ein jährlich steigender Teil der deutschen Reedern gehörigen Schiffe auf heimischen Werften erbaut, auch das Ausland bezieht in wachsendem Mafse deutsche Schiffe. Der Export an stählernen — sowohl Segel- wie Dampfschiffen, ist etwa fünfmal so grofs als die Einfuhr. Unsere Werften haben einen bedeutenden Umfang und Absatzkreis gewonnen und geben teilweise denen Englands nichts nach.

Als Ursache dieser Entwicklung ist in erster Linie die gewaltige Steigerung des Bedarfs anzusehen. 1899 war der Gesamtraumgehalt der deutschen Handelsflotte 1 640 000 Tons, wovon 1 038000 Tons auf 1223 Dampfschiffe entfielen; im ganzen gab es 3713 Schiffe[1].

Während unsere Handelsflotte 1870/71 etwa 5, 6 % von der der gesamten Welt ausmachte, beträgt sie jetzt 8,2 %, ein grofser Fortschritt bei der gleichzeitigen allgemeinen Vermehrung der Handelsschiffe[2]. Die deutschen Schiffsgesellschaften gründen immer neue Dampferlinien[3].

Dazu kam die Vergröfserung der Kriegsmarine, besonders in den letzten Jahren, auf 105 Schiffe mit 377 000 Tons Gehalt, wovon 14 Linienschiffe, 8 Küstenpanzer, 36 Kreuzer waren. Ihr Anwachsen ersieht man aus der Zunahme der Pferdekräfte von 77 000 i. J. 1876 auf 471 000 1899; im übrigen ist eine Vergleichung nicht möglich[4].

Dafs diese Nachfrage den deutschen Werften zu gute kam, war eine Folge ihrer vorzüglichen Leistungen, zu denen sie insbesondere der Wettbewerb mit England anspornte. Gefördert wurde sie durch den Umschwung in den deutschen Anschauungen von einer Vorliebe für ausländische zu einer bewufsten Bevorzugung inländischer Erzeugnisse. Die Kriegsmarine ging darin unter der Leitung des Generals v. Stosch anfangs der 70er Jahre voran, und allmählich wurde auch bei den Reedern der Grundsatz geltend, womöglich die Schiffe in Deutschland bauen zu lassen, bei der Hamburg-Amerika-Linie zuerst 1881[5]. — Da ferner der heimische Wettbewerb verhältnismäfsig beschränkt war, die Produktion jedenfalls den Bedarf nicht erreichte, so war die wirtschaftliche Lage der

---

[1] Gothaischer Hofkalender 1900/01, S. 480.

[2] Stahl und Eisen 1900, S. 110.

[3] Während Schiller an der Wende des vorigen Jahrhunderts sagte:

Seine Handelsflotten streckt der Brite
Gierig wie Polypenarme aus —

ohne der deutschen dabei mit einem Wort zu gedenken, hat an dieser Jahrhundertswende Ballin der deutschen Schiffahrt den letzten von ihr noch nicht befahrenen, den Stillen Ozean gesichert.

[4] Brockhaus Konversationslexikon 12. Aufl. und Gothaischer Hofkalender l. c.

[5] Stahl und Eisen 1896, S. 373.

Werften im ganzen eine günstige, wenn es auch an Depressionszeiten, wie 1883—1886, nicht gefehlt hat. In diesen Jahren finden sich lebhafte Klagen über den Wettbewerb Englands, das damals im Gegensatz zu anderen Zeiten an starker Überproduktion litt[1]. Sonst aber vermochte die starke englische Konkurrenz die deutsche Industrie nicht hintanzuhalten, da Schiffe keine Massenartikel sind, sondern in erster Linie Güte und Solidität in Betracht kommen. Den Wettbewerb mit England auf dem Weltmarkt kann unsere Schiffsbauindustrie freilich noch nicht aufnehmen. Die 1899 gebauten Schiffe wiesen an Registertons Inhalt auf in England 1713000, in Deutschland 258000, den Vereinigten Staaten 179000 und Frankreich 61000[2].

Es war der Aufschwung des deutschen Schiffbaus nur möglich auf Grund billigen Materialbezuges, wie ihn die Zollfreiheit erlaubte, denn anders als bei den meisten Eisenfabrikaten würde hier der Zoll wahrscheinlich die Preise des Materials erhöht und so den Schiffbau getroffen haben. Einmal wegen der hohen Frachten für deutsche Waren, ferner aber weil die deutsche Industrie anfänglich gar nicht die Materialien in gewünschter Weise liefern konnte. Die Werften hätten sie daher doch vom Ausland beziehen müssen, nur um den Zoll teurer. Der für eisernes und stählernes Schiffsbaumaterial freigeschriebene Zoll betrug z. B. für 1890—1894: 2608000 Mk.[3].

Allmählich fand aber auch das deutsche Material wachsende Verwendung, empfohlen einerseits durch die guten Erfahrungen unserer Kriegsmarine mit deutschen Blechen, unterstützt andererseits durch wiederholte schlechte Erfahrungen mit englischem Material, wie bei dem Untergang der „Elbe“[4]. Die deutschen Flufseisen-Bleche verdrängten die aus schottischem Puddeleisen hergestellten Bleche; das Dillinger Werk lieferte die ersten gröfseren Platten, sodann Krupp. Jetzt verwendet man vorzüglich basisches Siemens-Martin-Flufseisen. Es ist nicht nur billiger, sondern gilt auch als leichter, trag- und beim Stranden widerstandsfähiger[5]. — Allerdings stellte sich deutsches Material immer noch teurer als englisches. So waren 1896 nach einer von den westlichen Interessenten aufgenommenen Statistik[6] die niedrigsten Preise von

	englischen	deutschen		englischen	deutschen
Stahlplatten	100	110	Winkeleisen	95—98	103—115
Kesselblechen	119—139	174	U-Stahl	100—106	100—115
Blechen	101—106	110—125			Mark.

[1] Stahl und Eisen 1885, S. 147.
[2] Ebenda 1900, S. 290.
[3] Ebenda 1895, S. 558.
[4] Ebenda 1895, S. 288.
[5] Ebenda 1885, S. 636.
[6] Ebenda 1896, S. 283.

Einen grofsen Fortschritt für die deutsche Eisenindustrie bedeutete die nach langen Beratungen im Herbst 1894 erfolgte Herabsetzung[1] der preufsischen Tarife für gewisse Materialien nach den Küsten; sie wurde am 1. Februar 1899 auf allen zu See- und Flufsschiffen zu verwendenden Stahl und Eisen erweitert[2]. Seitdem nimmt der Gebrauch deutschen Materials in der Handelsmarine noch stärker zu, neben Blechen besonders in Ankern und Ketten. Letztere geniefsen auch zur Schleppschiffahrt auf den Flüssen Zollfreiheit. Die ganze Elbkette ist französisch[3]. Der neue Tarif dehnt die Zollfreiheit auf alle Materialien zur Flufsschiffahrt aus. —

Wenn sich auch der Import an Schiffsbaumaterialien noch nicht absolut verringert hat, so hat er doch mit der wachsenden Nachfrage nicht entfernt Schritt gehalten und deckt einen nur wesentlich geringeren Teil des Bedarfss als früher[4].

Der Schiffbau und die ihm das Material liefernden Gewerbe haben sich also auf Grund lebhaften Bedarfs und verbesserter Produktionsbedingungen ohne einen Schutzzoll so gut entwickelt, wie nur wenige der zollgeschützten Industrien. —

§ 13. Die Zölle auf Eisenwaren.

Für Eisenwaren hatte der Zollverein im Vergleich zu andern Staaten von jeher mäfsige und wenig differenzierte Zölle gehabt, die dann durch die Handelsverträge mit Frankreich 1865 und Österreich 1868 noch eine weitere Ermäfsigung erfuhren: 24 Mk. für ganz grobe, 80 Mk für grobe — durchgängig seit 1868 — und 240 Mk. für feine Eisenwaren; Nähnadeln, Schreibfedern, Uhren, Gewehre unterlagen dem besonderen Zoll von 600 Mk. pro t. Die Zölle auf grobe und ganze grobe Waren wurden 1873 auf 20, bezw. 50 Mk. herabgesetzt und fielen dann am 1. Januar 1877 ganz fort, während die feinen Waren den Zollschutz unverändert auch von 1877—1879 beibehielten und bis heute beibehalten haben.

Die Fabrikation von Eisenwaren war in Deutschland stark entwickelt. Der Ruf deutscher Waren, wie der Solinger und Remscheider, erstreckte sich über den ganzen Erdkreis, und andauernd übertraf der Export die Einfuhr. Während der industrielle Aufschwung nach dem französischen Kriege in der Hüttenindustrie zu zahlreichen Neugründungen Anlafs gegeben

[1] Stahl und Eisen 1894, S. 1078.

[2] Ebenda 1900, S. 197.

[3] Ebenda 1895, S. 558. — Diese Bestimmung hebt der neue Tarifentwurf auf; er legt einen Zoll von 3 Mk. auf Ketten zur Schleppschiffahrt.

[4] Auf die Bestrebungen zu einer Bevorzugung der aus deutschem Material hergestellten Schiffe seitens der Versicherungsgesellschaften kann hier nicht eingegangen werden.

und alle Produktionsverhältnisse umgeworfen hatte, war er hier auf eine seit vielen Jahrzehnten ausgebildete Industrie gestofsen und hatte diese wohl angefeuert, aber keine grofsen Umwälzungen hervorgerufen. Dafür war auch die grofse Krise weniger empfindlich gewesen, um so mehr als Gebrauchsgegenstände, wie die Erfahrung zeigt, nicht solchen Schwankungen unterliegen wie Rohstoffe [1].

Am stärksten hatten die Giefsereien die Entwicklung der Hüttenindustrie mitgemacht; gegenüber 441 Betrieben im Jahre 1869 gab es 1873 783 [2] zum grofsen Teil auf den Bezug ausländischen Giefsereiroheisens eingerichtet. Die plötzliche Abnahme des Bedarfs rief wie bei der Hüttenindustrie niedrige Preise der Gufswaren und schlechten Geschäftsgang hervor, auch noch während des Bestehens der Zölle. Die früher nie erhebliche Einfuhr war 1873 bis auf 71000 t für alle groben Waren gestiegen, nach der Krise aber war sie alsbald wieder erheblich gesunken und ging nach Aufhebung des Zollschutzes noch weiter herab. Sie blieb immer beträchtlich hinter der Ausfuhr und erst recht hinter der Produktion zurück, die ausländische Konkurrenz war nie umfassend, beschränkte sich vielmehr auf Spezialitäten, als welche Sering [3] englische emallierte Gufswaren, nordamerikanische Kochgeschirre und österreichischen Ofengufs erwähnt. Empfindlich war nur die französische Einfuhr von Röhren, Dachfenstern, Öfen, Balkongittern und ähnlichen Gufswaren auf Grund des Systems der titres d'acquits-à-caution.

Der französische Eisenfabrikant durfte nämlich bei Ausstellung eines Begleitscheins (acquit-à-caution) Roheisen, das er für den Export verarbeiten wollte, zollfrei einführen. Das konnten und taten aber auch die weitaus zahlreicheren Fabrikanten, die in Wirklichkeit französisches Eisen verarbeiteten. Sie verkauften dann die Acquits an Händler, die fremdes Roheisen zum Verbrauch in Frankreich einführten, zu einem Preis, der der Höhe des Zolls fast gleichkam [4]. Um diesen Preis konnten sie dann ihre Waren billiger exportieren. Es lag darin also eine verschleierte Exportprämie, die jedenfalls dem Sinne des Artikels VI des deutsch-französischen Handelsvertrags zuwiderlief. Trotz lebhafter Vorstellungen unserer Regierung war sie abgeschwächt, aber nicht beseitigt worden [5]. Auf Grund dessen fand ein ziemlich lebhafter Export

---

[1] Vgl. Sering a. a. O. S. 190.

[2] Sering a. a. O. S. 179; davon lothringische 31.

[3] A. a. O. S. 179.

[4] Vgl. Lexis, Die französischen Ausfuhrprämien seit der Restauration 1870.

[5] Die hier nur anzudeutenden z. T. verwickelten Fragen bespricht eingehend Sering a. a. O., besonders S. 138—140, 152.

nach Deutschland statt, der bei dem vorhandenen Mangel an Aufträgen empfindlicher wirkte, als zu normalen Zeiten; aufserdem erwartete man bei einem Sinken der französischen Preise seine Zunahme.

Die in der Eisenenquete vernommenen Giefsereibesitzer forderten für sich hauptsächlich nur einen Schutz gegen die französischen Exportprämien [1], aufserdem bei Verzollung des Roheisens zum Ausgleich Zölle auf ihre Waren; man meinte den Zoll auf Giefsereiroheisen ziemlich in ganzer Höhe tragen zu müssen. —

Auch die Einfuhr schmiedeeiserner grober Waren hatte anfangs der 71er Jahre einen grofsen Aufschwung genommen, war aber nach der Krise alsbald zurückgegangen und wuchs auch nach der Zollbefreiung am 1. Januar 1877 nicht wieder. Denn zieht man nach Serings Methode für 1877 und 1878 die nur unvollständig deklarierte Durchfuhr ab [2], so ergibt sich als Einfuhr zum Verbleib, wobei auch die ganz groben gufseisernen Waren mitgerechnet sind [3], in 1000 t:

1874/75: 39 300.	1877: 31 200.	1879: 19 900
1876: 34 900.	1878: 26 100.	

Wesentlich gröfser war, aufser 1873, die Ausfuhr, 1876 um 48 000 t, und die Produktion, für die eine Statistik freilich fehlt. Die Einfuhr deckte daher nur einen unbedeutenden Teil des Gesamtbedarfs [4].

Soweit sich bei der Mannigfaltigkeit der in dieser Gruppe vereinigten Industrien durchgängige Erscheinungen überhaupt erkennen lassen, waren die Klagen über den schlechten Geschäftsgang weniger lebhaft; insbesondere wurde auch die Konkurrenz des Auslandes in der Eisenenquete nicht als sehr schlimm hingestellt. Andere Erscheinungen waren hier der Anlafs schwieriger Zeiten, so der vielfach sich vollziehende Übergang von Handwerk und Handarbeit zu Fabrik- und Maschinenarbeit und die erbitterte, teilweise unreelle Konkurrenz der kleinen Meister [5].

Über Englands Konkurrenz wurde besonders geklagt bei schmiedeeisernen Röhren. Der Import war grofs, wurde allerdings schon 1877 von der Ausfuhr überholt, 1879 um das doppelte. Gerade in den Jahren des Freihandels hatte sich unsere Produktion sehr stark entwickelt und die englische Rivalin Schritt für Schritt verdrängt, so dafs die Einfuhr 1877 nur noch 12 % des Gesamtbedarfs deckte und, selbst wenn man die Durchfuhr nicht abzieht, nur 22 % gegenüber 27 % 1875. Trotzdem

---

[1] Enquete-Kommissionsbericht S. 22—24.
[2] Die Durchfuhr ist 1876 mit 19 600, 1877 mit 4040 t angegeben.
[3] Sering a. a. O. S. 200.
[4] Ebenda S. 215.
[5] Vgl. ebenda S. 226.

war der Wettbewerb gegen England und Schottland entschieden schwierig, da, nach den Behauptungen der in der Enquete vernommenen Industriellen, die Engländer um 10 % billiger als wir produzieren konnten und aufserdem zur Vernichtung unserer Industrie die Exportpreise noch um 10 %—12 % herabsetzten[1]. Es wurde daher ein starker Zollschutz verlangt. Unsere Qualität sei wohl besser. Die Verkaufspreise überstiegen mit 210—330 Mk. aber nicht die Herstellungskosten mit gleichfalls 215—330 Mk.[2]. Am schlechten Geschäftsgang trüge die geringe heimische Nachfrage allerdings die Hauptschuld. — Sonst konkurrierten bei uns noch England mit gewissen Werkzeugen, Feilen, Sägeblättern, Gas-Haupthähnen, Frankreich mit kleinen Schrauben, Feilen, Sensen, Hobeleisen und auch Schlosserwaren[3].

Auch in verarbeiteten und sog. feinen Waren überwog der Export immer bei weitem die Einfuhr. Trotz unterbrochenen Zollschutzes hatte sich die Industrie keiner guten Tage zu erfreuen. Neben der allgemeinen Depression schadeten ihr die erhöhten Zollschranken, besonders Österreichs und Frankreichs, weniger die ausländische Konkurrenz. Neben feineren Werkzeugen aus England und Amerika kamen auf den deutschen Markt vorzüglich englische Stahlfedern, sowie belgische und österreichische Gewehre.

Die Ansichten über die Nützlichkeit von Zöllen waren hier auch sehr geteilt. Petitionen für und wider liefen bei dem Reichstag aus den Bezirken der Kleineisenindustrie ein; so verlangten Petitionen der Nadelfabrikanten, der Hufnagelschmiede und der Hagener Kleineisenindustrie Ablehnung der Roheisen- ohne Änderung der Eisenwarenzölle; dagegen wünschten die Remscheider Gewerbe einen hohen Zoll auf feine Waren, besonders Feilen. Nur für den Fall der Einführung von Roheisenzöllen verlangte man allgemein Ausgleichszölle. Besonders den ost- und mitteldeutschen Fabrikanten lag mehr daran, die Absperrung der fremden Märkte zu verhindern als den eigenen zu schliefsen. —

Die Debatten des Reichstages erstreckten sich nur auf einzelne Gegenstände wie Hufnägel, Blechgeschirre; im ganzen unterlagen die Positionen kaum noch heftigen Angriffen, nachdem mit der Annahme des 10 Mk.-Zolls für Roheisen die Hauptentscheidung gefallen war. Eine wichtige Änderung brachte die dritte Lesung mit der Annahme eines Antrags Stumm, der die Pos. 6 e 2 weiter differenzierte, für grobe Kochgeschirre, Öfen, Feilenstahl den

---

[1] Bericht der Eisen-Enquete-Kommission S. 34, 35.
[2] 215: Gasrohre. 330: Siederohre.
[3] Sering a. a. O. 194.

Zoll auf 60 Mk. pro t herabsetzte (6e 2α), dagegen mehr verarbeiteten Gegenständen wie Handfeilen und Schneidewerkzeugen den stärkeren Schutz von 150 Mk. zuerteilte (6e 2γ). Ferner wurde der Zoll auf gewalzte und gezogene Röhren von 30 Mk., wie ihn der Regierungsentwurf vorschlug, auf 50 Mk. erhöht. — Auch in dieser Fassung war der Tarif noch äufserst einfach und wenig spezialisiert, im Gegensatz z. B. zum österreichischen und französichen Tarif.

§ 14. **Gufs- und grobe Waren.** Fortsetzung.

Die Position 6e 1α enthält unter einem Zollschutz von 25 Mk. pro t ganz grobe Gufswaren, u. a. Herdgufs, grobe Öfen, Gufsstücke für Maschinenbau, Röhren; etwas mehr verarbeitete Gufswaren finden sich in 6e 2α: gröbere Kochgeschirre, Öfen mit Verzinnung, Kamine, Kandelaber mit einem Zoll von 60 Mk.

Der Zoll hat den erwarteten Schutz gegen die französischen titres d'acquits gebracht. Die Einfuhr betrug

1873	1874	1875	1876	1877	1878	
17,4	16	13,5	7,8	9,7	5,8	1000 t

Dagegen nach dem Zollgesetz nur

1880	1881	1886	1890	1892	1896	
4,7	3,9	2,9	6,2	3,9	4,3	1000 t

Erst von 1896 an ist die bis dahin ganz unbedeutende Einfuhr wieder etwas gestiegen.

Überhaupt aber ging die Einfuhr, wie seit 1877, zurück und überstieg in gewöhnlichen Jahren nicht 9000 t. Nur die Zeiten besonders lebhaften Bedarfs 1889/90 und 1897—1900 zeigen einen etwas gröfseren Import — bis zu 25600 t i. J. 1899. Aber bereits 1900 und 1901 ist er wieder gesunken.

Neben englischen Artikeln haben in den letzten Jahren französische, belgische und nordamerikanische Waren bei uns Eingang gefunden, vorzüglich Leitungsröhren aus den nach der Grenze gelegenen französischen Werken in Pont à Mousson. Die Steigerung des belgischen und französischen Exports erklärt sich weniger aus einer Verstärkung der dortigen Exportindustrie, als vielmehr aus einer Forcierung der Ausfuhr infolge ungenügender Aufnahmefähigkeit des eigenen Marktes[1]. Aufnahme konnte aber der Export bei uns finden, weil in Deutschland der Bedarf und damit die Preise — unterstützt durch neugegründete Kartelle — besonders in Röhren sehr gestiegen waren. Daher hat bei dem Rückgang von Bedarf

[1] Gothein, Deutscher Aufsenhandel I. S. 394.

und Preisen seit 1900 die Einfuhr aus Frankreich und Belgien auch wesentlich abgenommen; die amerikanische vermehrte sich noch.

Die Ausfuhr macht im Durchschnitt nicht mehr als 5 % der Produktion aus und ist nicht sehr gewachsen. Sie ist in Depressionszeiten eher stärker, als in Jahren des Aufschwungs, was darauf schliefsen läfst, dafs Deutschland nicht viel über den Eigenbedarf produziert. Die höheren Preise des Giefsereiroheisens erschweren, besonders England gegenüber, den Wettbewerb auf dem Weltmarkt. Abnehmer sind hauptsächlich die Schweiz, Holland, Rufsland, Frankreich und Dänemark.

Die Produktion wuchs ständig, vorzüglich in Maschinen- und Baugufs, sowie in Röhren, wo sie in 20 Jahren fast auf das dreifache stieg. Die Industrie findet in den Gas- und Wasserleitungsanlagen einen regelmäfsigen Absatz, bisher kaum durch die Konkurrenz der schmiedeeisernen Röhren beeinträchtigt[1]. Langsamer ist dagegen das Wachstum der Geschirrgufsproduktion — infolge steigender Anwendung emaillierter Blechgeschirre — und der Fabrikation von Öfen.

Die Gesamtproduktion von Gufswaren ist so stark, dafs sie sich zu der Einfuhr etwa wie 100:2 verhält. Für die Entwicklung der Gufswarenindustrie spielte daher die ausländische Konkurrenz nur eine unbedeutende Rolle. Desto wichtiger war die Gestaltung des Roheisenpreises, vgl. § 8. Da Hüttenwerke und Giefsereien nur selten kombiniert sind, haben die im ganzen etwas höheren, in einzelnen Jahren sogar sehr stark erhöhten, Preise des Giefsereiroheisens entschieden den Giefsereien geschadet; besonders nach der Krise des Jahres 1900 befanden und befinden sie sich in einer sehr schwierigen Lage.

Die heimische Konkurrenz bot auch bei diesem Industriezweig zu wiederholten Klagen Anlafs. Besonders sollen Öfen stark unter gegenseitiger Unterbietung gelitten haben. Ein 1882 errichtetes Kartell scheiterte alsbald[2]. Dagegen kam ein solches bei Tempergiefsereien und 1900 bei Röhrengufs zustande. Das Röhrenkartell hat sich in den letzten Jahren an den sehr starken Preissteigerungen beteiligt; von einem billigeren Verkauf ins Ausland war bei dem verhältnismäfsig geringen Export bisher nichts zu bemerken[3].

Das direkte Verschmelzen von Erzen zu Gufswaren kam nicht wieder in Aufnahme. —

Im ganzen war der Zoll eine notwendige Folge des

---

[1] Stahl und Eisen 1888, S. 309.

[2] Vgl. Das deutsche Wirtschaftsjahr 1880, 1881, S. 227, 1883. Hauptsitz der Industrie ist Frankfurt a. M.

[3] Nach Vogelstein a. a. O. S. 91 erhöhte die linksrheinische Gruppe des Verbandes deutscher Eisengiefsereien zwischen 1897 und 1900 ihre Grundpreise zehnmal.

Gieſsereiroheisenzolls; insofern dessen Preis gestiegen ist, hat er, wie beabsichtigt, als Ausgleichungszoll gewirkt; in anderen Zeiten nahm er die Form eines selbständigen Schutzzolls an und ist als solcher in den letzten Jahren vom Röhrenkartell benutzt worden, während sein Einfluſs auf die übrigen Gieſsereien belanglos war [1].

Als Hauptberuf übten die Eisengieſserei und Emaillierung aus 1882: 35168, 1895: 74576 Erwerbstätige, also eine Steigerung auf über das doppelte; davon waren 1882: 931, 1895: 865 Selbständige. —

Unter die Position 6 e 1 β gehört die ganze Fülle schmiedeeiserner grober Waren, als da sind Ambosse, Schraubstöcke, Winden, grobe Maschinen- und Wagenbestandteile, Achsen und Radgestelle, Hemmschuhe, Brecheisen, Hufeisen, Geschütze; für einzelne Waren, wie Brücken, Anker und Ketten, Drahtseile, Kanonenrohre enthält die Handelsstatistik besondere Angaben. Auch roh vorgeschmiedetes Eisen, das früher zum Materialeisen gerechnet wurde, ist wegen der dabei verwandten Arbeit in Position 6 e 1 β eingereiht, soweit es nicht als Schiffsbaumaterial zollfrei eingeht. Die Eisenbahnachsen und anderes Eisenbahnmaterial sind schon im Zusammenhang mit den Schienen besprochen worden (§ 11).

Mit wenigen Ausnahmen bestand in allen diesen Artikeln bereits vor dem Zollgesetz von 1879 eine wesentliche Mehrausfuhr, und die zum groſsen Teil auf den Export angewiesenen Industrien wurden daher durch den Zoll kaum berührt. Die Einfuhr ist ziemlich unverändert geblieben, dagegen stiegen die Ausfuhr und die Produktion bedeutend, die erstere ungehemmter als bei groben Guſswaren, weil der Preis des schmiedbaren Eisens im ganzen nicht gestiegen ist.

Den Einblick in die Verhältnisse dieser Industrien gibt die Vergleichung der Berufsstatistik von 1895 mit der von 1882. Soweit die Statistik für die Verfertigung von einzelnen Waren besondere Daten gibt, wie bei Feilenhauern, Geschützgieſsern, werden diese Angaben jedesmal bei den einzelnen Waren angeführt werden. Hier werden nur die Erwerbstätigen aufgezählt, die die Berufsstatistik unter Sammelgruppen zusammenfaſst, so daſs eine Scheidung nach einzelnen Waren gemäſs den Positionen des Zolltarifs nicht möglich ist. — Man muſs dabei noch bedenken, daſs die Metallindustrie gerade seit 1895 einen groſsen Aufschwung erfahren hat. —

---

[1] Der neue Tarifentwurf differenziert die Guſsröhren nach ihrer Wandstärke; für die schwächeren erhöht er die Zölle wesentlich.

Es waren darnach Erwerbstätige im Hauptberuf

bei der Fabrikation von	1882	1895	Steigerung 1882–95 in %	davon Selbständige 1882	davon Selbständige 1895
Schwarz- und Weifsblech	2 575	3 127	21	68	56
Blechwaren und	51 355	16 126	63	18 278	21 901
Klempner		67 432			
Stiften, Nägeln, Schrauben, Nieten, Ketten, Drahtseilen	20 167	13 323	18	7 252	4 961
Nagelschmiede		5 239			
Eisendrahtzieher		5 243			
Grobschmiede	159 142	195 167	29	71 836	62 722
Schlosserei	128 399	295 700	130	25 071	24 668
Zeug-, Messerschmiede, Scheren-	49 350	26 450	—	14 740	8 411
schleifer		10 300			4 375
Kurzwaren		13 218			2 157
Nadler- und Drahtwaren	11 068	12 750	15	2 251	1 453

Die Prozentzahlen beweisen eine bedeutende Vermehrung, besonders bei Blechwaren und Schlossern, weniger bei Schmieden. Die Zahl der Selbstständigen weist fast nirgends eine Zunahme, vielmehr meist einen Stillstand oder Rückschritt auf. — Eine gröfsere Hausindustrie findet sich bei den Messerschmieden und -Schleifern, der Nagel- und Kurzwarenindustrie. Jedoch ist die Zahl der selbständigen Hausindustriellen nirgends so grofs wie die der übrigen Selbständigen [1]. —

Von den einzelnen Waren können nur die wichtigsten besprochen werden. In Kanonenrohren und Geschützen steht Deutschlands Industrie allen anderen voran. Eingeführt werden nur vereinzelte Probestücke oder Modelle, so 1894: 290 t [2]. Die Ausfuhr ist zwar bedeutender, aber auch nicht sehr grofs, weil die meisten Staaten für ihren Kriegsbedarf eigene Werkstätten haben, um politisch unabhängig zu sein; sie richtet sich daher mehr nach exotischen und kleineren Ländern, wie China, Dänemark, der Schweiz und Holland. — Der Zoll spielte bei dieser Sachlage keine Rolle, auch schon um deswillen nicht, weil der Staat, der einzige Abnehmer, ohnedies nur bei den heimischen Industriellen kauft. — 1895 übten die Geschützgiefserei als Hauptberuf über 7000 Erwerbstätige aus [3].

Ziemlich gering ist auch der Aufsenhandel in zu grofsen Maschinenteilen roh vorgeschmiedetem Eisen, hauptsächlich wohl wegen des grofsen Gewichtes. Die Einfuhr

---

[1] Über die Zahl der in den Hauptbetrieben Beschäftigten vgl. Tab. VII.

[2] Gothein a. a. O. S. 393.

[3] Die Berufsstatistik von 1882 trennt die Büchsenmacher und die in der Geschützgiefserei Beschäftigten noch nicht; auch 1895 sind die Geschützgiefser in B. 51 noch nicht scharf ausgeschieden, weshalb die obigen Angaben nur ungefähre sind.

hat sich infolge des Zolls nicht verändert; sie stieg selten über 250 t = 60 000 Mk. Wert. Die nach verschiedenen Ländern gehende Ausfuhr war mit 1500—3000 t = 1 000 000 Mk. Wert noch wesentlich gröfser. Die Produktion ist in beständigem Steigen. Eine Zollwirkung ist nicht zu erkennen. —

Ganz verschwindend war der Import von Brücken und deren Bestandteilen, während der Export ziemlich lebhaft, wenn auch naturgemäfs schwankend war. In allen Weltteilen werden von deutschen Ingenieuren Brücken geschlagen, deren Bestandteile deutsche Firmen, in erster Linie die berühmte vormals Harkortsche Fabrik in Duisburg, lieferten. Der Zoll hat die Einfuhr nicht beeinflufst und ist gegenüber einer solchen Exportindustrie belanglos. —

Weit überwog der Export ferner die Einfuhr bei Brecheisen, Ambossen, Hackennägeln; bis vor wenigen Jahren stand einer Einfuhr von 200 bis 300 t ein Export von 2000—3000 t gegenüber, die nach Rufsland, Holland, der Schweiz, Frankreich, Belgien gingen. Erst in den letzten Jahren ist bei einem mäfsigen Steigen des Exports die Einfuhr, besonders aus Frankreich und Belgien, lebhafter geworden, und bis auf 1000 t, etwas über ein Viertel der Ausfuhr, gestiegen, — eine Folge unseres starken Mehrbedarfs, wie er sich nicht gleich lebhaft bei unsern westlichen Nachbarn bemerkbar machte. Die Produktion ist sehr grofs und der Aufsenhandel hat ihr gegenüber nur eine geringe Bedeutung. Auch hier ist ein Einflufs des Zolls nicht zu konstatieren[1]. —

Eine Mehreinfuhr weisen nur Anker und Ketten auf. Die Einfuhr schwankte im letzten Dezennium zwischen 1400 und 3200 t, war 1896 am gröfsten, ging aber seitdem erheblich zurück, während der Export in den letzten Jahren eine wesentliche Steigerung zeigt. Die Einfuhr stammt meist aus Grofsbritannien. Ein grofser Teil derselben wurde vom Zoll gar nicht getroffen, sondern ging als Schiffsbaumaterial frei ein. Der Aufschwung des Schiffsbaues hat aber mit Hilfe der Tariferleichterungen von 1897 und 1899 in den letzten Jahren den Import zu Schiffszwecken sehr eingeschränkt, also ohne Hilfe des Zolls. — Übrigens findet auch nach England ein ziemlich reger Kettenexport statt, so dafs sich das Unterhaus einmal angelegentlich mit der vermeintlichen Konkurrenz deutscher Gefängnisarbeit beschäftigte. Diese Klagen stellten sich als unbegründet heraus, wurden übrigens auch im Inland in den wirtschaftlichen Depressionsjahren 1884—1887 laut[2]. —

Im ganzen ist demnach bei den groben Waren in Pos. 6e 1β der Einflufs des Imports und auch des Zolls sehr

[1] Nach dem neuen Tarifentwurf soll der Zoll für Ambosse, Anker u. s. w. von 3 auf 5 Mk. erhöht werden.

[2] Handel und Industrie S. 302.

gering; entscheidend ist vielmehr der heimische Bedarf und sein Verhältnis zum inländischen Wettbewerb. Eine Abschwächung desselben durch Kartelle vermochte ich nur bei Ketten festzustellen [1]. —

Der Zoll auf schmiedeeiserne Röhren (Pos. 6 e 1 γ) hatte zunächst den erwünschten Erfolg, die schon vorher stark abnehmende Einfuhr noch weiter zu vermindern. Auf der 1881 erreichten niedrigen Stufe blieb sie fast ununterbrochen bis 1895. Seitdem stieg sie rasch bis auf 22000 t 1899. Die englische Einfuhr nahm ab, während die österreichische besonders in den letzten Jahren lebhafter wurde. Dazu kam seit 1895 Schweden und seit 1897 die Vereinigten Staaten, von wo der Import 1899 fast 10000 t, i. J. 1900 noch 7400 t betrug. Die Produktion ist seit 1879 fast auf das Fünffache, die Ausfuhr auf das Dreifache gestiegen, besonders seit 1896; letztere nach der Schweiz, Belgien, Holland, Italien, Dänemark, Rufsland, dem Balkan und einer grofsen Reihe anderer Länder. Aufser der Drahtfabrikation gibt es keinen Zweig der Eisenindustrie, bei dem ein so grofser Teil der Produktion ans Ausland abgesetzt wird. Zwar sind die Produktionsziffern in der Reichsstatistik zweifellos zu niedrig angenommen, denn in einzelnen Jahren steht die Ausfuhr der Produktionsziffer fast gleich [2]; aber trotzdem geht man wohl nicht fehl, wenn man ein Drittel der Produktion auf den Export rechnet. — Der Inlandsbedarf ist ebenfalls sehr viel stärker geworden, besonders an Gasröhren seit der Verbreitung des Gasglühlichts und der häufigeren Anwendung von Gaskochern. Die geschmiedeten Röhren haben vor den gegossenen den Vorzug gröfserer Haltbarkeit und werden sich wohl noch auf Kosten der letzteren vermehren; da sie aber teurer sind, begnügt man sich vorderhand noch meist mit den gufseisernen, deren Produktion zwei bis dreifach so grofs ist [3].

Auf die Preise hatte der Zoll anfänglich wenig Einflufs; nach dem kurzen Aufschwung 1880 sanken sie sofort wieder tief. Im Jahre 1882 aber bildete sich ein Kartell in Gasröhren [4], das in der allgemeinen Depression von 1882 an die Preise aufrecht erhielt, ja sogar mit belgischen und englischen Werken Konventionen schlofs. Um die Wende der 80er Jahre ging es auseinander, bildete sich aber im Herbst 1892 nach einer Zeit ziemlich schlimmer Inlandskonkurrenz von neuem. In den Jahren grofser Nachfrage seit 1896 hat es für das Inland

---

[1] Eine Reihe weiterer Kartelle finden sich bei Liefmann „Die Unternehmerverbände“ aufgeführt.

[2] Die Ausfuhr soll z. B. 1889 137 % der Produktion betragen haben, vgl. auch Gothein, Deutscher Aufsenhandel S. 381.

[3] Stahl und Eisen 1888, S. 309.

[4] Handel und Industrie S. 186, 187.

die Preise sehr gesteigert, während die Exportpreise, wie früher, mäfsig blieben [1].

In diesen Angaben läfst sich der Einflufs des Zolls deutlich erkennen. Denn bei der gleichfalls hochentwickelten Produktion Englands, Belgiens und der Vereinigten Staaten würde ohne ihn wohl auch auf dem deutschen Markt, sicher in der ersten Zeit, ein starker Wettbewerb geherrscht, und die Bildung eines neuen Kartells nicht möglich gewesen sein; auf den Zoll ist auch der Export zu niedrigeren Preisen zurückzuführen. Daraus erklärt sich zum Teil die Höhe der Ausfuhr, aus der Preissteigerung im Inland dagegen die Zunahme des Imports der letzten Jahre [2]. Mit der Rückkehr zu normaleren Zuständen und Preisen ist auch 1900 und 1901 die Einfuhr wieder zurückgegangen [3]. —

Eine Fülle heterogener Dinge enthält die Pos. 6 e 2, und zwar in α die bereits besprochenen Gufswaren, in β die abgeschliffenen groben Waren, vor allem grobe Werkzeuge, Beile, Äxte, Hämmer, Zangen, Düng- und Heugabeln, dann grobe Messer, Sicheln, Sensen, Schlösser, Schlüssel, Nägel, Drahtstifte und alle Sorten Schrauben, Schlittschnhe mit 100 Mk. Zoll pro t, auch emailliertes Blechgeschirr. Davon getrennt sind in Pos. 6 e 2 γ mit einem Zollschutz von 150 Mk. die mehr bearbeiteten Waren, besonders auch Schmiedewerkzeuge — Solinger Waren —, wie Handfeilen, Meifsel, Scheren, Sägen, Bohrer, Degenklingen, Maschinen- und Papiermesser.

Aus den Einfuhr- und Ausfuhrdaten, die alle Waren unter einer Zahl zusammenfassen, lassen sich nur allgemeine Tatsachen entnehmen. Darnach war für diese Industrie bereits 1879 die Ausdehnung des Exports von wesentlich gröfserer Bedeutung als die Abwehr des Imports, und mit dem mächtigen Emporblühen der Fabrikation hat sich dieses Verhältnis in den letzten 20 Jahren noch viel schärfer herausgebildet. Schon damals opponierten, wie gezeigt, zahlreiche Warenfabrikanten den Einführungen des Zolls. Dieser ist dann auch im Verhältnis zu dem allerdings sehr ungleichen Wert der Waren relativ gering, wenn man z. B. bedenkt, wieviel Millionen von Nägeln und Stiften dem Gewicht einer Tonne gleichkommen, oder welchen Anteil an der Preishöhe einer Sense ein Zoll von 100 Mk. pro t hat, — wenn man ferner die Zölle solcher Länder ins Auge fafst, die ihre Eisenwaren-

---

1 Das Kartell besteht aus zwei Abteilungen, einem Gas- und einem Siederohrkartell — vgl. auch Liefmann a. a. O. S. 142.

2 Vgl. Gothein a. a. O. S. 382.

3 Der neue Tarifentwurf differenziert auch hier nach der Stärke der Wandung, bringt aber sowohl für starke wie für schwache eine sehr wesentliche Erhöhung des Zolls auf 6 bezw. 10 Mk., was mit angeblich schwerer Konkurrenz begründet wird. Es kann nur zu einer weiteren Stärkung des Exportprämiensystems beitragen.

industrie mit einem wirklich starken Schutzzoll versehen haben. Auch hier sollte die Verteuerung der Rohstoffe ausgeglichen werden.

Infolge des Zolls ging die Einfuhr 1880 noch weiter zurück [1] und blieb seitdem die beiden Jahrzehnte fast konstant; auch die Steigerung der letzten Jahre war unbedeutend.

Die Ausfuhr, in deren Daten die Pos. 6e 2 leider nicht weiter zerlegt ist, ist etwa auf das vierfache des 1880 erreichten Umfanges gestiegen. Sie richtete sich nach allen Ländern der Welt, besonders aber nach Rufsland, Holland, England, Österreich und der Schweiz.

Über die Produktionsmenge fehlen leider jegliche Zahlen. Sie ist enorm gewachsen, wie man auch aus einem Vergleich der Berufs- und Gewerbezahlen erkennen kann (vergl. näheres in § 17).

Nur in einzelnen Waren macht sich die Konkurrenz des Auslands fühlbar; und zwar im wesentlichen bei denselben Gegenständen, über deren Konkurrenz schon 1878 geklagt wurde. Die Handelskammerberichte [2] der 90er Jahre stellen eine bedeutende Einfuhr und Konkurrenz für folgende Waren fest: Werkzeuge, vorzüglich Feilen, damals aus England und Frankreich, jetzt mehr aus England und den Vereinigten Staaten, französische und englische Schlosserwaren, allerdings im Rückgang befindlich, gewisse Bodenkulturwerkzeuge, wie amerikanische Heugabeln und österreichische Sensen, ferner Holzschrauben und französische Muttern. — Es handelt sich also um Spezialitäten, deren Import den Zoll wohl etwas abgeschwächt, aber nicht beseitigt hat.

Im höchsten Mafse Exportartikel sind zunächst die Solinger Waren — z. T. erst nach Pos. 6e 3 gehörig —, d. h. Waffen und Schneideartikel, als Scheren, Sensen, Taschen- und andere Messer. Auch hier haben natürlich gute mit schlechten Zeiten abgewechselt, die bestimmenden Faktoren waren aber immer in- und ausländischer Bedarf, sowie die heimische Konkurrenz, fast nie die ausländische. Gerade in den Jahren nach Einführung des Zolls war die Lage der Solinger Industrie besonders schlecht [3]. — Ferner sind alle Drahtwaren stark auf den Export angewiesen, als Drahtgeflecht, Drahtgewebe, Drahtstifte, wo sich auch Kartelle gebildet haben (vergl. § 10). Ein Import war fast gar nicht vorhanden, ging in Drahtstiften nur einmal über 100 t hinaus, während der Export von 16000 auf 52000 t, zeitweilig sogar 64000 t stieg. — Exportiert

[1] Infolge der Abweichungen der Handelsstatistik kann man die Zahlen vor und nach 1879 allerdings nur unsicher vergleichen.

[2] Berichte der Ältesten der Berliner Kaufmannschaft.

[3] Das deutsche Wirtschaftsjahr 1881, S. 240fg.

werden ferner stark Nägel, besonders Hufnägel, gewisse Bodenkulturwerkzeuge, bei denen eine Verbesserung der Qualität und damit zugleich die Verdrängung Frankreichs konstatiert wird, Heugabeln, Schlittschuhe und noch sehr viele andere Waren. Die Beseitigung fremder Zollschranken gehört daher zu den Hauptwünschen der Industrie. Bei vielen Waren, so besonders Sensen, Haken, Holzschrauben findet auf dem Weltmarkt ein erbitterter Wettbewerb statt, der zeitweilig wie bei Holzschrauben durch internationale Vereinbarungen abgeschwächt wurde[1]. Auch Heugabeln waren vorübergehend kartelliert. —

Trotz der Zollschranken machte sich die ausländische Konkurrenz der deutschen Feilenindustrie bemerkbar. Die grofse Produktion Deutschlands — allein in Remscheid werden jährlich 3 Millionen Feilen hergestellt, daneben noch in Biedlar, Efslingen, Nürnberg[2] — wurde nur von der Englands und der Vereinigten Staaten übertroffen. Der früher starke Import aus Belgien und England wurde mit Hilfe des Zolls, hauptsächlich aber durch Qualitätsverbesserungen verdrängt; aber zeitweilig wie 1886—1888 überschwemmten wieder belgische, französische, auch Schweizer Feilen den deutschen Markt. Es wird das hauptsächlich darauf zurückgeführt, dafs bei uns immer noch nicht jene seit Generationen herangebildete und geübte Arbeiterschaft besteht, wie bei unsern europäischen Rivalen[3]. Dazu kam in den letzten Jahren der Wettbewerb Nordamerikas, dessen Industrie der deutschen bisher vor allem durch gröfsere Anwendung von Maschinenarbeit überlegen war, so zum Schleifen, Feilen und Hauen der Feilen. Darin hatten die deutschen Feilenarbeiter eine besondere Handfertigkeit erlangt, so dafs ihnen der Übergang zur Maschinenarbeit besonders schwer wurde, auch störte anfangs die Ungleichmäfsigkeit des Stahls. In diesem Übergangsprozefs von der Handarbeit zum Maschinenbetrieb hat die deutsche Feilenindustrie schwere Zeiten durchgemacht, die in den letzten Jahren aber schon überwunden zu sein scheinen. Hinderlich war noch die aus den früheren kleinen und z. T. ärmlichen Verhältnissen stammende Angewohnheit, sich sämtlichen oft recht übertriebenen Forderungen der Abnehmer anzubequemen, statt wie in Amerika nur einige Sorten herzustellen, zwischen denen dann der Käufer zu wählen hat. Man kann hier die Beobachtung machen, dafs Deutschland mit den von alters überlieferten Manufakturen auf dem Weltmarkt schwächer aufzutreten vermag als in den neu entstandenen. Feilen sind eine Weltmarktsware ersten Ranges; Deutschlands Export

---

[1] Handel und Industrie, S. 296.
[2] Stahl und Eisen 1898, S. 701 (Hädicke).
[3] Handel und Industrie, S. 291.

übersteigt die Einfuhr wesentlich. Im Kampf um den Weltmarkt entscheiden nicht deutsche Zollverhältnisse, sondern die Qualität und die Selbstkosten der Erzeugung und Versendung. — Im neuen Zolltarifentwurf ist allerdings der Zoll, besonders für kleine Feilen, wesentlich erhöht worden. — Feilenhauer waren 1895 im Hauptberuf 8656 Erwerbstätige, wovon 2743 Selbständige. Die Hausindustrie ist recht stark: 1020 Selbständige, 347 Gehilfen und Arbeiter. Von 1882 liegen noch keine besonderen Daten vor.

Sehr grofs ist der Aufschwung der, besonders in Aachen ansässigen, Nagelindustrie, bei der — nur anfangs zum Schaden der Qualität — der Fabrikbetrieb mehr und mehr das Handwerk verdrängt hat[1]. Die Einfuhr ist belanglos.

In der Fabrikation von Schlössern, deren Hauptsitze Velbert und Radevormwald sind, hat sich Deutschland zu einer grofsen Exportindustrie entwickelt[2]. Mit der Verfeinerung des Geschmackes haben sich die deutschen Artikel neben die französischen ebenbürtig gestellt und sie aus Deutschland verdrängt. Viel hat dazu wie überhaupt auf dem Gebiete der Eisenwarenindustrie die Minderung der deutschen Vorliebe für ausländische Erzeugnisse beigetragen. Mehr als über die Konkurrenz des Auslandes wird in schlechten Zeiten über die der Gefängnisse geklagt[3].

Die Herabsetzung des Zolls auf emailliertes Blechgeschirr von 100 auf 75 Mk. durch den österreichischen Handelsvertrag hat den Import oder die Konkurrenz nicht gesteigert. Weder die österreichische noch eine andere Industrie kann sich mit der deutschen messen. Ihr Hauptsitz ist Berlin. Sie ist auf den Export angewiesen und widerstrebt daher jeder Erhöhung der Selbstkosten.

Geschosse schliefslich unterlagen unverarbeitet einem Zollsatz von 60 Mk., verarbeitet einem solchen von 100 Mk. und vernickelt oder mit Bleimäntel versehen 240 Mk. pro t. Die Einfuhr kam niemals in Betracht, während die Ausfuhr ziemlich erheblich war, aber mit den Bestellungen auswärtiger Regierungen schwankte[4]. Ihr durchschnittlicher Wert ist etwa 2 Millionen Mk., sie richtet sich überwiegend nach kleinen und exotischen Ländern, für die sich die Anlage eigener Munitionsfabriken nicht lohnt[5]. — Von einer Zollwirkung kann

[1] Stahl und Eisen 1886, S. 522.
[2] Ebenda.
[3] Z. B. Handel und Industrie S. 295.
[4] Gothein, Der deutsche Aufsenhandel S. 416.
[5] Im neuen Tarifentwurf ist der Zoll für die meisten Erzeugnisse der Kleineisenindustrie erhöht, besonders stark bei Feilen und Nägeln. Die Differenzierung ist meist verschärft, mitunter auch abgeschwächt, weshalb eine Vergleichung schwer möglich ist. Heu- und Düngergabeln bleiben unverändert. —

aufserdem schon um deswillen keine Rede sein, weil der Staat der Hauptabnehmer ist, und dieser sich in der Hauptsache nicht von wirtschaftlichen Erwägungen leiten läfst. —

Mit den angeführten geringen Ausnahmen ist demnach von der Fabrikation grober Waren zu sagen, dafs die ausländische Konkurrenz nur wenig ins Gewicht fiel. Sehr wichtig war dagegen der Export und die Vermeidung jeder Erhöhung der Selbstkosten. Unter diesen Umständen ist der Einflufs des Zolls, so schwer sich das im einzelnen detaillieren läfst, geringfügig gewesen. —

§ 16. Fortsetzung. **Feine Waren.**

In Pos. 6e 3 finden sich die sog. feinen Eisenwaren, nämlich in 6e 3α die feinen lackierten, polierten, vernickelten Gufswaren, leichter Ornament- und Kunstgufs, dann in 6e 3β feinere Messer, Scheren, Schlittschuhe, Nägel, sowie Patentachsen, Druckplatten und gröbere Nadeln mit einem Zollschutz von 240 Mk. pro t; — schliefslich in 6e 3γ feinere Nadeln, Uhren aus unedlem Metall und Gewehre, mit einem Zollschutz von 600 Mk. pro t (für Gewehre vertragsmäfsig niedriger).

Über die Industrie feiner Waren ist im ganzen nichts anderes zu sagen, als über die in 6e 2 aufgeführten, wie es sich ja meist um dieselben Gegenstände nur in feinerer Ausführung handelt. Deutschland beherrscht den Weltmarkt noch mehr als bei gröberen Waren. — Die Ausfuhr feinerer gufseiserner Waren ist 12 mal so stark wie die Einfuhr; in Betracht kommt höchstens der amerikanische Import mit 300 t. Die Ausfuhr feiner schmiedeeiserner Waren übertrifft die Einfuhr um das 12—15fache und ist bedeutend gerade nach den Ländern, die wie Frankreich, England, Österreich und die Vereinigten Staaten zu uns in etwas gröfserem Mafsstab einführen. Es handelt sich daher meist nur um einen Austausch gewisser Spezialitäten. — Unsere Hauptabnehmer sind England und Rufsland, auch die exotischen Gebiete. Besonders lebhaft ist der Export in feinen Schneidewerkzeugen, Taschenmessern und aus dem besten Stahl hergestellten Rasiermessern; überall, besonders aber in den Vereinigten Staaten, früher unserm besten Abnehmer, stehn uns hohe Zollschranken entgegen.

Ein Einflufs unserer eigenen Zölle läfst sich um so weniger nachweisen, als dieselben seit Dezennien — seit 1865, z. T. seit 1836 — unverändert bestehen, selbst von den stärksten Wogen des Freihandels nicht weggeschwemmt[1]. Seit dem Zolltarif von 1879 ist die Einfuhr ganz langsam etwas gestiegen, die Ausfuhr sehr stark, etwa auf das 17fache des Jahres 1878.

---

[1] Auch der neue Tarifentwurf ändert die meisten Zollsätze nicht.

Günstige Handelsverträge und niedrige Materialpreise sind sehr wichtig, da auf dem Weltmarkt ein sehr scharfer Wettbewerb, besonders mit den Vereinigten Staaten, besteht. —

In noch höherem Maſse Exportindustrie ist die Nadelfabrikation, wenn auch die Ausfuhr infolge der hohen ausländischen Zölle wenig wächst. Unter Pos. 6e 3γ — 600 Mk. Zollsatz — gehören nur die feinen guten Nadeln und zwar die Hundnähnadeln aus gleichmäſsig gutem Stahldraht, die Näh- und Wirkmaschinennadeln aus bestem, gleichmäſsigem, zähem, hartem, elastischem Tiegelguſsstahl, während die gewöhnlichen aus weniger hartem und gleichmäſsigem Bessemerstahl, Eisen oder Messingdraht hergestellten Strick-, Haar- und Stecknadeln unter einem Zollschutz von 240 Mk. (Pos. 6e 3β) stehn[1]. — Die Lage der Nadelindustrie ist hauptsächlich von der Aufnahmefähigkeit des ostasiatischen Marktes abhängig[2]. Daneben kommen besonders Frankreich, Österreich und Ostindien als Bezugsländer in Betracht.

Der Import ist ganz gering, er kommt meist aus England, einige Tonnen Nähmaschinennadeln auch aus den Vereinigten Staaten. Im ganzen beträgt die Einfuhr etwa 1 % der Ausfuhr, ist also, so oft sie auch erwähnt wird, wie seit 30 Jahren ganz verschwindend. Sie erreichte 1875 ihr Maximum mit 140 Dztr., sank dann auf 52 Dztr. 1878 und verblieb seitdem im wesentlichen auf dieser Höhe; nur die letzteren Jahre brachten eine kleine Steigerung. — Die sehr bedeutende Produktion, deren Hauptsitze Aachen, daneben Ichtershausen in Thüringen und Chemnitz sind, geht immer mehr zum Groſsbetrieb über[3].

Unter diesen Umständen ist der im neuen Zolltarif für Nähmaschinennadeln vorgesehene Zollsatz von 2000 Mk. pro t nur als Kompensationsobjekt für den mit den Vereinigten Staaten abzuschlieſsenden Tarifvertrag zu betrachten.

Der Import von Uhren aus unedlem Metall ist seit 1874 im wesentlichen stationär geblieben, abgesehen von einer kleinen Steigerung anfangs der 80er Jahre; er stammt hauptsächlich aus der Schweiz. Dagegen hat die Ausfuhr ständig zugenommen. Der Einfluſs des, im Vergleich zum Wert nicht hohen, Zollsatzes läſst sich um so weniger erkennen, als Uhren bei uns nie zollfrei eingegangen sind. — Uhrmacher waren 1882 im Hauptberuf 27721 Erwerbstätige, 1895: 33910; davon waren Selbständige 1882: 13830, 1895: 16004.

Von Kriegsgewehren gilt im wesentlichen dasselbe wie von Geschossen. Die Einfuhr war minimal. Der Staat als einziger Abnehmer läſst sich gelegentlich bei dem Erscheinen eines neuen Modells vom Ausland einen gröſseren Posten

---

[1] Stahl und Eisen 1895, S. 609.

[2] „Handel und Industrie in Deutschland“, II. S. 307.

[3] Vgl. auch Gothein a. a. O. S. 412—414.

kommen, wie 1890 von Österreich, befriedigt sonst aber seinen Bedarf im Inland. Unsere grofse Gewehrfabrikation, besonders in Sonneberg in Meiningen und in Sömmerda, deckt den grofsen heimischen Bedarf vollständig und erfreut sich eines zwar sehr schwankenden aber doch regen Exports von etwa 3—25 Millionen Mk. Wert; er geht aus denselben Gründen, wie bei Geschossen, fast nur nach kleinen und exotischen Ländern. — Der Zoll — von 600 Mk. pro t — hat unter diesen Umständen keine Bedeutung[1].

Wichtiger ist er für Jagdgewehre und Gewehrteile, eine der wenigen Eisenwaren, wo die Einfuhr den Export an Gewicht übersteigt. Der 600 Mk.-Zoll des Generaltarifs ist im belgischen Handelsvertrag auf 60 Mk. für grobe, 100 Mk. für abgeschliffene und 240 Mk. für feine — polierte, lackierte — Gewehrfedern, Hähne, Läufe und Gewehrschlösser herabgesetzt, ohne dafs diese Mafsregel eine Mehreinfuhr zur Folge gehabt hätte. Der fast nur aus Belgien stammende Import hauptsächlich von Gewehrteilen trägt einen ständigen Charakter; er schwankt zwischen 110 und 155 t oder 1,5—2 Mill. Mk. Dem steht eine ebenfalls rege Ausfuhr gegenüber, die an Gewicht zwar niedriger, an Wert aber als höher angegeben wird — zwischen 2,5 und 3 Millionen Mk. schwankend — und ebenfalls nach Belgien, sowie nach England, Rufsland, Österreich geht, in den meisten Staaten aber hohen Zöllen begegnet. — Die Bedeutung der ausländischen Konkurrenz kann man bei dem Mangel an Produktionsziffern nicht zahlenmäfsig angeben, doch ist unsere stark entwickelte Produktion wesentlich höher als der Import[2].

Da auch auf Jagdgewehren ununterbrochen ein Zoll gelegen hat, kann man seinen Einflufs schwer erkennen; seine Herabsetzung 1892 hat der deutschen Industrie nicht geschadet. Ebenso wie am eigenen Zollschutz ist diese jetzt an der Herabsetzung der hohen Auslandszölle interessiert. —

Eigentümlich sind die Zollverhältnisse für Fahrräder. Bei der Schaffung des Tarifs von 1879 gab es Fahrräder im heutigen Sinne noch nicht, und als dann später die Frage ihrer Verzollung auftauchte, reihte man sie unter Draisinen[3], die seit langem bekannten, auf Schienen laufenden Dreiräder ein. Als solche unterlagen sie in Pos. 6e 3β einem Zollsatz von 240 Mk. pro t, was für ein modernes gutes Fahrrad einem Wertzuschlag von 2—3 % gleichkommt. — In Deutschland entstand die Fahrradfabrikation im Anschlufs an die Nähmaschinen- und Waffenindustrie, wegen der übereinstimmenden

---

[1] Vgl. auch Gothein a. a. O. S. 416.

[2] Vgl. Gothein a. a. O. S. 417, 418.

[3] Nach dem badischen Erfinder v. Drais benannt; vgl. Stahl und Eisen 1897, S. 5fg.

Verwendung der wertvollsten Werkzeug-, der Fräsmaschinen und der zu Rädern, wie zu Gewehren erforderlichen dünnwandigen Röhren[1]. Den ersten Fabrikanten Seydel & Naumann in Dresden, Dürkopp in Bielefeld folgte eine grofse Anzahl anderer, nachdem seit Anwendung der 1890 erfundenen Pneumatics[2] das Radfahren immermehr aufkam. Daneben beschäftigen sich zahlreiche Fabriken mit der Herstellung von Fahrradteilen, Gestellen, Reifen, Rädern, Röhren, Ketten; allein zur Pneumaticherstellung werden jährlich 8000 t Gummi importiert[3].

Jahrelang herrschte infolge der rapiden Zunahme des Radfahrens für alle Fabriken eine Zeit des lebhaften Aufschwunges. Noch vor der Krise von 1900 liefsen aber die Anschaffungen nach; das Radfahren kam aus der Mode, der Bedarf der einzelnen an Fahrrädern war gedeckt, und schliefslich mögen auch die immer zahlreicheren Vorortbahnen dem Fahrrad, besonders in Arbeiterkreisen, Konkurrenz machen. Andererseits ist bei weiterer Verbilligung eine gröfsere Verbreitung des Fahrrads noch wohl möglich, vorzüglich auf dem Lande für Ärzte und Tierärzte. Auch nimmt das Heer in wachsendem Mafsstabe das Rad in Gebrauch[4], mit überwiegend günstigen Erfahrungen. Vor der Hand aber stockt der Bedarf, auf dessen gleichmäfsig starkes Wachstum man gerechnet hatte, — und so herrscht jetzt, verbunden mit starkem Sinken der Preise, eine entschiedene Überproduktion.

Diese wird vorzüglich durch den amerikanischen Wettbewerb verschärft, und es verlangt daher ein Teil der Fabrikanten die Einreihung der Fahrräder unter der Rubrik „Fahrzeuge“, d. h. einen Wertzoll von 6 %, oder auch einen selbständigen höheren Zollschutz[5]. Der Import aus den Vereinigten Staaten war zeitweilig, besonders 1898, sehr stark, hat aber in den letzten Jahren, wie die ausländische Konkurrenz überhaupt, erheblich abgenommen. Es betrug nämlich die Einfuhr aus — in Tonnen —

	Österreich	Frankreich	Verein. Staaten	im ganzen
1897:	72	79	224	546
1898:	82	90	462	802
1899:	78	91	190	513
1900:	68	54	122	385
1901:	53	32	85	250

Also belief sich 1900 der amerikanische Import nur noch auf wenig über ein Viertel desjenigen von 1898. —

[1] Stahl und Eisen 1897, S. 5fg.
[2] Ebenda.
[3] Ebenda 1897, S. 367.
[4] Vgl. z. B. Stahl und Eisen 1897, S. 594.
[5] Vgl. Schriften der Zentralstelle für Verbreitung von Handelsverträgen Heft 13, S. 156fg.

Einer Erhöhung des Zolls stehen hier geringere Bedenken entgegen als bei Maschinen oder Instrumenten, die selbst der Produktion dienen. Der neue Zolltarif bringt denn auch eine Steigerung auf 150 Mk. pro Dztr., oder etwa 20 Mk. für ein Fahrrad. Es ist aber sehr fraglich, ob diese Maſsregel der Deutschen Industrie wesentlichen Nutzen bringen wird. Denn allein schon die Zahl der in Deutschland hergestellten Fahrräder übersteigt den Bedarf beträchtlich. Auſserdem wird aber auch sehr viel mehr aus- als eingeführt, 1899 das drei-, 1900 das vierfache, während 1896 der Überschuſs des Exports noch gering war. Hauptabnehmer sind Österreich und Holland, daneben Dänemark, Schweden, die Schweiz, Ruſsland und England. Die Ausfuhr nach Ländern, die wie England selbst eine starke Industrie besitzen mit einer Jahresproduktion von etwa 700000 Fahrrädern[1], spricht für die Güte der deutschen Erzeugnisse. Dagegen findet nach den Vereinigten Staaten, dem Hauptkonkurrenten auf dem Weltmarkt, gar kein Export statt, da dort ein Wertzoll von 35 % erhoben wird[2]. Die amerikanische Produktion wird auf 1 Million jährlich geschätzt[3]. In Deutschland aber scheint die zeitweilig vorhandene Vorliebe für amerikanische Räder mit der Erfahrung im Schwinden begriffen zu sein, daſs sie zwar eleganter, aber im allgemeinen unsolider sind.

Eine wirkliche Besserung der Verhältnisse wird sich nur durch Vermehrung des Bedarfs, der in wirtschaftlich günstigeren Jahren durch die niedrigeren Preise angelockt werden wird —, oder durch Produktionseinschränkung erreichen lassen, sei es, daſs eine Kartellierung erfolgt, oder daſs ein Teil der Fabriken wieder zur Waffen- und Nähmaschinenerzeugung zurückkehrt, wie es schon vielfach geschieht. —

Der Import von Stahlfedern schlieſslich geht zwar langsam zurück, ist aber immer noch bedeutend; Bezugsland ist Groſsbritannien. Gleichzeitig hat sich aber auch die Ausfuhr besonders nach Österreich und der Schweiz sehr entwickelt. Der Zoll von 600 Mk. pro t kommt nur etwa 6% des Wertes gleich[4].

Trotzdem konnte von einer Bedrängung durch ausländische Konkurrenz oder einer Notlage überhaupt eigentlich niemals gesprochen werden. Da die Nachfrage andauernd stieg, erfreuten sich die wenigen in Deutschland bestehenden Firmen, hauptsächlich in Berlin, Bonn, Leipzig und Iserlohn, eines regen Absatzes. Die erhebliche Zunahme des Bedarfs ist ganz der heimischen Produktion zu gute gekommen. Zwischen 1882 und 1895 verdoppelte sich daher die Zahl der hier

---

[1] Stahl und Eisen 1897, S. 5fg.
[2] Ebenda 1897, S. 594.
[3] Ebenda 1897, S. 5fg.
[4] Ebenda 1896, S. 890.

beschäftigten Arbeiter. — Während früher auch bei Stahlfedern eine Vorliebe für ausländische Erzeugnisse bestand, werden jetzt mehr und mehr deutsche Fabrikate verlangt, so dafs deutsche Grossisten in Birmingham vielfach englische Federn mit deutschen Stempeln versehen lassen sollen [1]. Bei der Verfertigung von Schreibfedern waren 1895 erwerbstätig im Hauptberuf 693 Menschen, wovon 26 Selbständige. —

Über die Mafsregeln zur weiteren Bekämpfung der englischen Konkurrenz gehen die Ansichten auseinander [2]. Lebhaft wird ein intensiver Musterschutz verlangt, damit die Käufer wirklich sicher deutsche Federn erhalten. Einige Firmen verlangen einen wirksamen Zollschutz, andere unter Ablehnung desselben eine Vergröfserung der Nachfrage durch zwangsweise Einführung deutscher Federn in Schulen und Bureaus.

Ein verstärkter Zollschutz würde in diesem Fall wohl einer Wirkung auf die englische Konkurrenz nicht entbehren. Der neue Tarifentwurf bringt denn auch eine Einführung auf 960 Mk. pro. t, welchen Satz Handelsverträge kaum modifizieren würden. —

Will man die Wirkungen der Eisenwarenzölle darnach in ein Gesamtbild zusammenfassen, so ergibt sich noch weniger ein positives Resultat als bei den Roheisen- und Fabrikatzöllen. Für die feinen Eisenwaren brachte die 1879er Gesetzgebung keine Änderung, aber auch für die groben Waren ist ein wesentlicher Einflufs nur zu erkennen einmal bei groben Gufswaren, denen der Zoll im Westen einen Schutz gegen die Unterbietung durch französische Artikel auf Grund des Systems der titres d'aquits-à-caution brachte, und bei schmiedeeisernen Röhren. Diese stärkte er in ihrem schon vorher erfolgreichen Wettbewerb gegen die englische Konkurrenz, hauptsächlich dadurch, dafs er zu dem Zustandekommen eines Kartells beitrug. Bei Röhren zeigte sich auch die bei Roheisen indirekt und bei den Fabrikaten direkt beobachtete Erscheinung, dafs das Kartell die Zölle unter gleichzeitiger Erhöhung des Inlandspreises zur Forcierung des Exports benutzte. Diese Wirkung läfst sich sonst bei Eisenwaren kaum wahrnehmen.

Aufser bei jenen beiden Artikeln dürfte den Zöllen eine erhebliche Bedeutung nicht zuzumessen sein. Die schon vorher schwache Einfuhr ist kaum zurückgegangen, die Preise sind im ganzen nicht gestiegen.

Die Eisenwarenindustrie ist in Deutschland schon seit Jahrzehnten der des Auslands zum mindesten ebenbürtig, zum guten Teil ferner Exportindustrie; sie unterliegt also im ganzen nicht dem Einflufs der ausländischen Konkurrenz, mit Aus-

---

[1] Schriften der Zentralstelle für Vorbereitung von Handelsverträgen Heft 13, S. 28.

[2] Ebenda überhaupt S. 27 fg.

nahme gewisser Waren, wie Stahlfedern, Röhren, Feilen und einiger anderer Werkzeuge, Fahrräder, Anker und Ketten, deren Konkurrenz der Zoll auch nicht beseitigt, höchstens abgeschwächt hat. Entscheidend ist für ihre wirtschaftliche Lage vielmehr der in- und ausländische Absatz und deren Verhältnis zum heimischen Wettbewerb. Sie folgte den Schwankungen der Konjunkturen, die insbesondere Anfang und Mitte der 80er Jahre schlecht, gegen Ende dieser und der 90er Jahre sehr gut waren.

Im ganzen hat sich die Eisenwarenindustie sehr stark, und zwar besonders in der Richtung auf den Export hin, entwickelt.

§ 17. Verhältnis zwischen der Eisen erzeugenden und verarbeitenden Industrie.

Die Zollgesetzgebung des Jahres 1879 war bezüglich des Eisens vor allem diktiert von der Rücksicht auf die Eisen erzeugende Industrie. Diese litt am schwersten unter den Folgen der Gründerjahre und wurde ferner durch die Konkurrenz Englands bedrängt. Die Lage der Eisen verarbeitenden, speziell der Eisenwarenindustrie, war, mit gewissen Ausnahmen, nicht so ungünstig und vor allem der fremden Konkurrenz weniger ausgesetzt.

Ein Zoll, der ein Produkt verteuern soll, also dessen Verbraucher belastet, rechtfertigt sich in erster Linie aus der Rücksicht auf die in jenem Produktionszweig beschäftigten Menschen. Aus diesem Gesichtspunkt ist es von Bedeutung, die Zahl der Beschäftigten in der durch den Zoll vor allem geschützten Eisen erzeugenden Industrie gegenüberzustellen den bei der Eisenverarbeitung Tätigen.

Die Grundlage der Vergleichung gibt die Gewerbe- und Berufsstatistik der Jahre 1875, 1882, 1895. Doch schied und scheidet diese nicht die in der Hochofenindustrie von den in der Eisenfabrikation (Schweifseisen- und Stahlwerke) Tätigen. Eine solche Unterscheidung bringt aber das im ganzen sehr zuverlässige „statistische Bureau des Vereins deutscher Eisen- und Stahlindustrieller“[1]. Dies gibt für 1875 als Arbeitskräfte an in der Hochofenindustrie 22760, in Gießereien, Schweißeisen und Stahlwerken 114003 Arbeitskräfte. Darnach kann man mit Hilfe der Gewerbestatistik berechnen[2].

---

[1] Dr. Rentzsch, Dresden. Abgedruckt im Dortmunder Jahrbuch 1900/1901. S. 592.

[2] Die Zahl der „Gehilfen“, d. h. derjenigen, die nicht Betriebsleiter oder Aufsichtspersonal sind, betrug nach der Gewerbestatistik 1875 in der

die Beschäftigten: in der Hochofenindustrie auf 24 000 knapp, in der Eisenverabeitung incl. Gieſserei auf 122 000.
In der Eisenwarenindustrie waren tätig 316 931
in der Maschinenindustrie 321 447
woraus also ein ganz erhebliches Übergewicht der Eisen verarbeitenden Industrie folgt. (Die Hochofenindustrie macht etwa 3,1 % der Gesamtsumme aus.) Natürlich ist die Rechnung ungenau, da auch damals schon Kombinationen zwischen Hütten- und Walzwerken vorkamen, auch nicht die gesamte Maschinenindustrie Eisen verarbeitet, und die Reparaturhandwerker von den Eisenpreisen unberührt bleiben. Immerhin folgt soviel daraus, daſs die Zahl der durch die Zollgesetzgebung 1879 zu Unterstützenden nur relativ gering war[1].

War somit 1879 ein Zoll, der die Hochofen auf Kosten der Eisen verarbeitenden Industrie begünstigte, im Hinblick auf die darin beschäftigten Menschen nicht gerechtfertigt, so war er doch um deswillen erträglich, weil der Interessegegensatz einmal, wie schon eingehend dargetan wurde, nur in gewissen Grenzen bestand, auſserdem aber durch die Ausgleichszölle zum guten Teil wieder wett gemacht werden konnte.

Die Eisen verarbeitende Industrie war natürlich an dem Wohlergehen der Hochofenindustrie stark interessiert, ebenso übrigens wie die 25 000 in den Eisenerzgruben und die zahlreichen bei der Kohlengewinnung Beschäftigten. Auf dem regelmäſsigen Bezug des Roheisens beruht ja in erheblichem Maſse die Macht der Waren- und Maschinenindustrie. Eine etwaige Förderung der Hochofenwerke durch Zölle war also auch ihnen erwünscht. Den Nachteil der Verteuerung des Roheisens infolge des Zolls konnten die Fabrikat- und Warenzölle tatsächlich wieder ausgleichen, weil die Industrien ganz überwiegend auf den heimischen Markt angewiesen waren, und daher eine Abwälzung des Roheisenzolls möglich war. Auſserdem hatten die Exportindustrien wie die Solingens vielfach in gewissen Grenzen einen ziemlich sicheren Markt, der dem Wettbewerb nicht zu stark ausgesetzt war. Immerhin stand ein wesentlicher Teil der Eisenwarenindustrie den Zöllen ablehnend gegenüber. —

So kam es, daſs im ganzen 1879 das Interessengesetz einer Begünstigung der Hochofenindustrie nicht im Wege stand. —

Eisen- und Stahlherstellung incl. Gieſsereien 135 574, die Zahl der „Arbeitskräfte“ nach dem Dortmunder Jahrbuch 136 763, also ziemlich gleich viel, so daſs man „Gehilfen“ mit „Arbeitskräften“ identifizieren kann. Die „Gehilfen“ machten nun etwa 96 % aller Beschäftigten aus. Um die Zahl der Beschäftigten in Hochöfen- und sonstigen Eisenbetrieben getrennt halten zu können, fügt man zu den „Arbeitskräften“ die fehlenden Prozente hinzu.

[1] Ebenso auch Sering a. a. O., S. 192. —

Seitdem hat sich nun das Übergewicht der Eisen verarbeitenden Industrie noch wesentlich verstärkt. Das Bureau der Eisenindustriellen gibt für 1882 die Zahl der Arbeitskräfte im Hochofenbetrieb an auf 23015, in der Eisenfabrikation auf 125769, für 1895 auf 24059, bezw. 181173. Darnach kann man wieder mit Hilfe der Berufs- und Gewerbestatistik die Zahl der Beschäftigten berechnen für

	1882.	1895.
auf: im Hochofenbetriebe etwa	24000	25000
in Gieſsereien, Schweiſseisen- und Stahlwerken	131000	182000
In der Eisenwarenindustrie waren tätig	345907	439730
in der Maschinenindustrie	365120	582672 [1].

Das nähere zeigt Tabelle VIII. Darnach wuchsen am meisten der Schiffbau, die Eisen- und Geschützgieſsereien, die Industrie von Maschinen, wissenschaftlichen und musikalischen Instrumenten, Lampen; — ferner auch die Blechwarenindustrie (besonders Haushaltungsgegenstände), die Wagenbauer und Teile der Kleineisenindustrie, Messerschmiederei und Schlosserei, in denen der Groſsbetrieb starke Fortschritte macht. Stabil blieb dagegen die Eisen- und Stahlherstellung, während die in den Erzgruben Tätigen einen Rückgang aufweisen. Um den Zusammenhang dieser Erscheinungen mit dem Übergang zum Groſsbetrieb darzutun, sind in der Tabelle die Zahlen der in einem Groſs- oder Mittelbetrieb — über 5 Gehilfen [2] — Beschäftigten mit angegeben. Eine Verbindung mit der Wirkung der Zölle läſst sich dabei ohne Zwang nicht herstellen.

Die Ursachen der Entwicklung in den verschiedenen Gruppen darzutun, kann nicht Aufgabe dieser Arbeit sein. Denn daſs die gröſsere Zunahme der Waren- und Maschinenindustrie mit den Zöllen nicht zusammenhängt, folgt ja schon daraus, daſs die Roheisenzölle relativ die höchsten waren. Es handelt sich vielmehr um eine Erscheinung, die man in der Wirtschaftsgeschichte regelmäſsig bei zunehmender Industrialisierung eines Volkes beobachten kann.

Daſs die in der Hüttenindustrie Beschäftigten nicht zunahmen, bedeutet natürlich nicht eine Stabilität der Industrie selbst, wie sich das nach dem früher gesagten von selbst ausschlieſst. Im Gegenteil stieg die Produktion enorm; es ist infolge technischer Fortschritte u. a. m. eben möglich gewesen, mit derselben Arbeiterzahl viel gröſsere Leistungen zu erzielen. Aber es bedeutet doch soviel, daſs im Falle eines

[1] Die Hochofenindustrie machte nach dieser Rechnung 1882 etwa 2,8%, 1895 etwa 1,9% der gesamten Industrie aus, für den Fall einer besonders starken Zunahme der Hochofenarbeiter seit 1896 — nach dem Bureau der Eisenindustriellen 1899 auf 36334 — etwas über 2% für 1899.

[2] Die Gewerbestatistik von 1875 nennt es „Groſsbetrieb“, die von 1882 und 1895 „Mittel- und Groſsbetrieb“.

Gegensatzes der Interessen diejenigen der Eisen erzeugenden Industrie immer weiter zurüktreten müssen hinter denen der Eisen verarbeitenden Industrie[1]. —

Diese Gegensätze traten nun meist nicht hervor, weil im allgemeinen das Roheisen bis zu den letzten Jahren im Preise nicht gestiegen ist, oder wenigstens nur in Zeiten, wo auch die Fabrikat- und Warenpreise hoch standen. Schon 1881, 1882, besonders aber seit 1898 machten sich die unverhältnismäfsig hohen Roheisenpreise sehr bemerklich.

Und nun fragt sich: Sind die Interessengegensätze bezüglich der Zölle in den letzten 20 Jahren schärfer oder milder geworden?

In gewissem Umfang haben die zahlreichen Betriebskombinationen eine Abschwächung gebracht, indem sie die Werke, die ihr Roheisen nicht mehr kaufen, sondern selbst herstellen, von einer Verteuerung des Roheisens unabhängig machten.

Dagegen vergröfserten sich die Gegensätze mit der zunehmenden Entwicklung unserer Eisen- und Maschinenfabrikation zur Exportindustrie. Denn die dieser erwachsende Steigerung der Selbstkosten vermögen jetzt die Ausgleichungszölle viel weniger wett zu machen als damals, vielmehr könnte das nur ein entwickeltes System von Exportprämien. Der Export ist aber ferner nicht nur wichtiger geworden, sondern er ist auch erschwert und zwar durch das Auftreten Nordamerikas. Es wird die Aufgabe des III. Abschnittes dieser Arbeit sein, darzutun, dafs die deutsche Eisenindustrie einem Wettbewerb des Auslands innerhalb Deutschlands im allgemeinen weder von europäischen Staaten, noch von Nordamerika ausgesetzt ist, — aufser in einzelnen Waren, wie Röhren, Weifsblech, Werkzeugen und gewissen Maschinenarten, — dafs aber auf dem Weltmarkt ein äufserst scharfer und noch im Wachsen begriffener Wettbewerb, besonders seitens der Union, droht. Dies bedeutet aber, dafs immer mehr die Notwendigkeit einer Verminderung der Selbstkosten die Oberhand gewinnt über das Verlangen nach einer Verteuerung der inländischen Warenpreise durch Zölle.

Bisher hat sich also ergeben, dafs

1) die Interessen der Eisen verarbeitenden Industrien in den letzten 20 Jahren gegenüber denen der Eisen erzeugenden Industrie immer mehr an Bedeutung gewonnen haben, — und dafs

2) die Interessengegensätze durch die Betriebskombinationen zwar eine gewisse Milderung, durch die zunehmende Bedeutung des Exports aber eine wesentliche Verschärfung erfahren haben.

---

[1] Eine Vergleichung des Wertes der von der Hochofen- und der übrigen Eisen- und Maschinenindustrie hergestellten Waren ist nicht möglich, da jede zuverlässige Unterlage fehlt.

Dritter Abschnitt.

Produktionsbedingungen der Eisenindustrien anderer Länder.

§ 16. Die europäischen Staaten.

Das Land, dessen Konkurrenz 1879 in Deutschland am meisten Sorge hervorrief, und gegen das sich vornehmlich die Schutzzölle richteten, war Grofsbritannien. Seine Überlegenheit beruhte, wie gezeigt wurde, im wesentlichen auf dem billigeren Erzbezug zur Stahlbereitung, daneben auf der gröfseren Leistungsfähigkeit der Arbeiter, den geringeren Frachten, hauptsächlich infolge der Nähe von Kohlen und Erzlagern, gröfserem Kapitalreichtum und besseren Absatzbeziehungen nach dem Ausland, in beschränktem Mafse auch auf besserer Technik. Dazu kamen gewisse Imponderabilien, der alte Ruf der englischen Eisenindustrie, überhaupt von Handel und Industrie in England. Während es damals schon ein hochentwickeltes Industrieland war, befand sich Deutschland noch auf dem Wege zum Industriestaat.

Das Bild hat sich sehr verschoben: auch Deutschland ist ein grofser Industriestaat geworden. Schiffahrt und Verkehr haben sich mächtig entwickelt, der heimische Verbrauch steht dem englischen absolut gleich und pro Kopf der Bevölkerung nicht viel nach. Es wurde schon festgestellt, dafs Englands grofser Vorteil in der Beschaffung zur Stahlbereitung geeigneter Erze im wesentlichen durch die Erfindung des Thomas beseitigt wurde. Und ebenso ist auch in den andern angeführten Punkten der Abstand zwischen England und Deutschland wesentlich verringert.

Damit soll keineswegs gesagt werden, dafs Englands Suprematie auf dem Eisenmarkt völlig gebrochen sei. Man hat sich, vorzüglich in der amerikanischen Literatur, daran gewöhnt, England als einen niedergehenden Industriestaat zu betrachten, der insbesondere Nordamerika gegenüber kaum noch in Betracht käme[1]. Das ist ein wesentlicher Irrtum. Englands Roheisenproduktion ist mit 9 1/2 Mill. t immer noch die zweitstärkste der Welt, in Gießereiroheisen speziell die stärkste überhaupt, und seine Ausfuhr an Eisen und Eisenwaren wird von keinem andern Lande auch nur annähernd erreicht. Seine Ausfuhr belief[2]

sich auf	1000 t	Mill. Mk.	(£=20 Mk.)
an Roheisen	1429	120	
Stabeisen	157	31	
Eisenbahnmaterial . . .	464	64	
Draht	38	18	
Bleche, Platten außer .	398	109	
Weißblech	274	80	
Guß- u. Schmiedeeisen .	339	116	
Umgearbeiteter Stahl .	308	74	
Eisenwaren	42	21; —	

dazu kommt eine enorme Maschinenausfuhr, allein an Textilmaschinen für 136, Nähmaschinen 26, Lokomotiven 29 Mill. Mk.

Der große Aufschwung der deutschen und amerikanischen Eisenindustrie hat der englischen also im wesentlichen keinen Abbruch getan; vielmehr stieg der englische Export zwischen 1897 und 1900 bedeutend, abgesehen von einzelnen Artikeln wie Weißblech, dessen Ausfuhr durch die amerikanische Produktion stark vermindert ist. Ohne sich gegenseitig zu stören, sind die Industrien der drei Länder emporgestiegen, was ermöglicht wurde durch die Bedarfssteigerung der letzten 20 Jahre. (Vgl. § 3.) Mehr und mehr hat sich die deutsche Eisenindustrie ebenbürtig neben die englische gestellt. Es produzierten an 1000 t Roheisen

	1880	1890	1895	1899
England:	7802	8030	7703	9454;
Deutschland:	2729	4658	5465	8143

Die englische Produktion verhielt sich 1880 zur deutschen wie 286:100, jetzt nur noch wie 116:100. Der noch vorhandene Überschuß ist nur Gießereiroheisen, während die englische Stahlerzeugung schon vor 1890 von der deutschen eingeholt und nunmehr weit überflügelt ist. Insbesondere ist die Anwendung des basischen Prozesses unbedeutend geblieben.

---

[1] In einem Aufsatze: ›The nations in competition at the close of the century‹ im „Forum", März 1901, tritt dem auch der bekannte amerikanische Schriftsteller Jakob Schoenhoff entgegen. Man zögere nicht des Löwen Fall zu verteilen, obgleich the lion is not by any means dead.

[2] Dortmunder Jahrbuch 1900/01, S. 599.

Nach Iron and Coal Trades Review[1] wurden 1899 in England hergestellt in 1000 t

4327 Frisch- und Gießereiroheisen, 874 Thomaseisen,
4054 Hämatiteisen, 198 Spiegeleisen

und zwar hauptsächlich in Cleveland, Schottland, Durham, Lancashire und South-Wales. Ausnehmend verbreitet ist der Siemens-Martinprozeß mit 2900 t, besonders bei Blechen und Stabeisen.

Vergleicht man nunmehr die einzelnen Produktionsfaktoren miteinander, so ergibt sich, daß England an Erzen weniger reich ist als Deutschland; es werden 14 Mill. t gefördert gegenüber 18 Mill. t bei uns. Und jene Summe reicht bei weitem nicht zur Deckung des Bedarfs aus, fast ein Drittel desselben wurde in den letzten Jahren durch importierte Erze befriedigt, also ganz erheblich mehr als in Deutschland. Für Schlesien ist ja allerdings auch der ausländische Erzbezug von wachsender Bedeutung, in Westfalen aber im wesentlichen nur durch die hohen Inlandstarife aufrechterhalten. Es ist daher der vielbesprochene Vorsprung Englands durch billigeren Bezug spanischer Erze heute viel unwichtiger als 1879, wenngleich Deutschland noch ziemlich große Mengen aus Spanien einführt. Übrigens sind auch die überseeischen Frachtkosten dauernd zurückgegangen. — Ferner eignet sich nur ein kleinerer Teil der englischen Erze zur Verwendung im basischen Prozeß.

Englands Steinkohlenförderung ist mit 220 Mill. t 1899 noch immer die mächtigste der Welt, doppelt so groß als die deutsche. Aber ein Vorzug ist hierin nicht weiter gegeben, da beide Länder in sämtlichen Bezirken mit Kohlen völlig ausreichend versehen sind.

Unvergleichlich günstig ist nach wie vor die Lage von Erzen und Kohlen zueinander, sowie die Lage der Hochöfen am Meer. Darauf beruht wohl auch, daß das hauptsächlich aus englischen Erzen erblasene Gießereiroheisen immer noch billiger als irgendwo sonst hergestellt wird. Weniger kommt das für die Stahlwerke in Betracht, deren Ansprüchen die englischen Erze kaum genügen.

Der deutsche Arbeiter hat sich, besonders im Westen, so vervollkommnet, daß er an Leistungsfähigkeit dem englischen kaum noch nachsteht; genaue Berechnungen lassen sich darüber kaum anstellen, um so mehr als innerhalb Deutschlands sehr wesentliche Verschiedenheiten bestehen, so zwischen Schlesien und Westfalen. Allerdings ist nach übereinstimmenden Berichten die Lebenshaltung des englischen Arbeiters noch wesentlich höher als die des deutschen, und dies dürfte sich, wie gewöhnlich, in höherer Leistungsfähigkeit äußern. Ent-

[1] 9. März 1900. Abgedruckt im Dortmunder Jahrbuch, S. 599.

sprechend sind auch die Löhne durchschnittlich etwas höher, und zwar nicht nur der Geld-, sondern auch der Reallohn, da die notwendigsten Mittel zur Bedürfnisbefriedigung in England billiger als bei uns zu haben sind, hauptsächlich infolge niedrigerer Nahrungsmittelpreise. Nach Nasse bezieht der englische Arbeiter (1892) Brot, Fett, Fleisch, Kleider billiger als der deutsche. Die Weizenpreise Londons standen 1892—1896 pro t um 34—28—22—34—33 Mk. unter denen Berlins und um 36—11—11—12 Mk. unter den Berliner Roggenpreisen [1], 1896 4 Mk. höher. Ähnliches gilt von den Fleischpreisen. Man wird nach alledem wohl sagen können, dafs sich Löhne, Lebenshaltung und Leistungen der deutschen Arbeiter in den letzten 20 Jahren den der englischen mehr genähert haben, ohne sie in den drei Beziehungen ganz zu erreichen.

Die englischen Transportverhältnisse sind nicht besser als die deutschen. Zwar erfreut sich England verkehrsreicher Kanäle, aber die Dichtigkeit des Eisenbahnnetzes übertrifft die des industriellen Deutschland nicht wesentlich; bleibt doch die Länge der englischen Eisenbahnen um 15000 km 1899 hinter den unsrigen zurück. Auf den Kopf der Bevölkerung kommen etwa gleichviel. Ebensowenig sind die englischen Frachten billiger, sondern im Gegensatz höher, auch die britischen Interessentenverbände, wie die British Iron Trade Association, beklagen sich über ihre Höhe.

Der beste Untergrund für die Blüte einer Industrie ist immer ein grofser heimischer Absatz und Verbrauch, der bedingt ist durch die Möglichkeit, den Bedarf zu decken und somit mittelbar durch den Kapitalreichtum eines Volkes. In dieser Beziehung war der Unterschied zwischen Deutschland und England 1879 sehr grofs, jetzt nur noch geringfügig; ich verzichte darauf, dies durch Zahlen zu belegen. Der gewöhnlich als Wertmesser betrachtete Zinsfufs ist jetzt im allgemeinen gleich, 1879 war er aber bei uns durchschnittlich höher. So ist auch der Verbrauch an Roheisen auf den Kopf der Bevölkerung 1899 nicht viel höher als bei uns, während er 1880 noch etwa 4 mal so grofs war. Und was der deutschen Industrie noch an Intensität des Verbrauchs abgeht, das ersetzt die Gröfse der Bevölkerung, so dafs unsere Eisenindustrie einen gleich guten und grofsen heimischen Absatz hat wie die englische. —

Und schliefslich ist auch das Prestige der englischen Eisenindustrie gegenüber der deutschen nicht mehr so mächtig wie 1879. Nicht als ob man den englischen Waren mangel-

---

[1] Vierteljahrshefte der deutschen Statistik 1898, Heft I. Vgl. Lotz, Handelspolitik 1890—1900, S. 75/76. Die Lebensmittelpreise in den englischen Eisenrevieren, die ich nicht besitze, überschreiten die Londons sicher um weniger, als die Westfalens die Berliner Preise.

hafte Qualität nachsagen dürfte, aber die Leistungen der deutschen Industrie sind ihr ebenbürtig geworden.

So ist es gekommen, dafs die Überlegenheit der englischen Eisenindustrie, wie sie bei der Zollgesetzgebung 1879 noch vielfach bestand, heute auf einzelne Punkte zurückgedrängt ist.

Es ist das in der Hüttenindustrie die Giefsereiroheisenproduktion, deren Produktionskosten etwas niedriger als die von Schlesien und Rheinland-Westfalen, ungefähr gleich denen Lothringens und Luxemburgs sind. Dagegen sind die Kosten von Flufs- und Puddelroheisen im allgemeinen nicht geringer [1], um so mehr als die englischen Hüttenwerke nicht wie die unsrigen einen erheblichen Gewinn aus dem Verkauf der phosphorhaltigen Schlacke ziehen, die bei dem Überwiegen des sauren Prozesses in geringerem Mafse gewonnen wird und auch in der englischen Landwirtschaft weniger Verwendung findet.

Unter den Fabrikaten besteht Englands Suprematie nach wie vor bei der Weifsblechindustrie in Süd-Wales und Monmouthsire auf Grundlage der dort gefundenen Kohlen und des aus Australien, China, Banka importierten Zinnes, — sowie bei dem Schiffbau, — aus sozusagen historischen Ursachen. Die 1899 hergestellten Schiffe hatten 1 713 000 t Registergehalt gegenüber 258 000 in Deutschland. Dagegen steht die englische Drahtindustrie der deutschen weit nach, die Handelseisen- und Schienenindustrie gleich. In der Herstellung von Eisenwaren hat Deutschland ebenfalls England überholt. so die Solinger Industrie von Schneidewerkzeugen die Scheffields. In der Maschinenerzeugung ist — nach Spezialitäten verschieden — teils die englische, teils die deutsche mächtiger, England übertrifft uns namentlich noch in landwirtschaftlichen und Textilmaschinen auf Grund seiner enormen Baumwollfabrikation, nicht mehr in Werkzeugmaschinen.

Ist sonach — bei aller Differenzierung im einzelnen — die deutsche der englischen Eisenindustrie an sich ebenbürtig, so reicht doch unser Eisenexport noch nicht entfernt an den englischen heran.

Es beruht dies im wesentlichen auf Englands seit Jahrhunderten hochentwickeltem Aufsenhandel, seinen in alle Welt reichenden Absatzbeziehungen und zahlreichen Kolonien, sowie seiner gewaltigen Handelsflotte. Darum ist die englische Konkurrenz nach wie vor der Hauptgegner für den Wettbewerb unserer Exportindustrie; darum sind für diese Handels-

[1] Eng. and Mining Journal berechnet 1897 die Kosten pro t Bessemerroheisen in Cleveland auf 49,90 Mk., wovon Erze 30,2, Koks 13,4, Arbeit 2,8 Mk.

verträge von gröfster Wichtigkeit, die England keinen Vorsprung gewinnen lassen, — um so mehr als das freihändlerische England der beste Käufer der Welt und daher auch im Vertrieb seiner Waren weit bevorzugt ist[1].

Auf unserem Markte kann dieser Vorsprung der deutschen Industrie auch ohne Zollschutz nur vereinzelt gefährlich werden. Denn natürlich sind die Absatzbeziehungen unserer heimischen Industrie im Inland günstigere als die der englischen, seitdem auch noch die Vorliebe für englische Fabrikate verschwunden ist. Etwaige geringere Produktionskosten Englands werden durch die höheren Frachten mehr als ausgeglichen, aufser etwa bei dem Absatz an der Nord- und Nordostküste. In Deutschland selbst ist die Konkurrenz von Bedeutung nur in den erwähnten Artikeln, Giefsereiroheisen, Weifsblech, Schiffbau und gewissen Branchen der Maschinenindustrie.

Die Hauptvorteile des englischen Eisen-Ausfuhrhandels machen sich also nicht in Deutschland, wohl aber auf dem Weltmarkt geltend. Auf diesem findet daher ein starker Konkurrenzkampf statt, z. B. bei groben Gufswaren in Rumänien, Norwegen, Dänemark, feinen Waren in Ägypten, Australien, landwirtschaftlichen Maschinen, besonders Pflügen, Putzmühlen, Dampfdresch-, Dampfmäh-, Häckselmaschinen in Rufsland, Nadeln in allen Erdteilen[2]. —

Von den andern europäischen Staaten war Frankreichs Konkurrenz der deutschen Eisenindustrie schon 1879 nur in gewissen Artikeln gefährlich, auf Grund des Systems der Einfuhrscheine. Die französische Eisenindustrie war der deutschen nicht ebenbürtig und ist seitdem immer weiter hinter der deutschen zurückgeblieben. Frankreich produzierte 1865 noch mehr, 1869 gleich viel Roheisen wie Deutschland; die Herstellung betrug dann in 1000 t

1880	1890	1895	1899
1733	1970	2004	2567

Der Puddelprozefs ist verhältnismäfsig noch recht stark, besonders bei Handelseisen, weniger bei Blechen, der Thomasprozefs findet sich hauptsächlich in den Departements Nord und Meurthe-et-Moselle.

Die Produktionsbedingungen der französischen Eisenindustrie gelten im allgemeinen für ungünstiger als die deutschen[3],

---

[1] Dafs englisches Roheisen nicht noch weiter verdrängt ist, dürfte grofsenteils auch darauf beruhen, dafs unsere Industriellen die Herstelluug schmiedbaren Eisens lohnender fanden, und daher lieber für den Export — direkt oder indirekt — Flufseisen produzierten, als Giefsereiroheisen für den heimischen Bedarf.

[2] Vgl. auch Gothein, Aufsenhandel S. 395 fg.

[3] Das Engineering and Mining Journal 1897 berechnet die Produktionskosten von 1 t Bessemerroheisen im Loiregebiet auf 58,20 Mk., wovon auf

mit Ausnahme etwa der an der Ostgrenze gelegenen Werke, die denen Deutsch-Lothringens ungefähr gleich stehen. Die Steinkohlenproduktion ist mit 32,3 Mill. t noch nicht ein Drittel so stark wie die deutsche, die Mehreinfuhr von Koks beträgt etwa 1½ Mill. t. Leistungen und Lebenshaltung der französischen Arbeiter sind ein Teil geringer als die der deutschen bei ziemlich gleichen Löhnen. Die Tarife sind durchschnittlich etwas niedriger. Die Länge der Eisenbahnen bleibt um 8000 km hinter denen Deutschlands zurück.

Worin Frankreich im Welthandel hervorragt, das sind nicht Fabrikate, sondern feine Waren, bei denen die Materialpreise eine sehr erhebliche Rolle nicht spielen, vielmehr in erster Linie die geschmackvolle Herstellung wichtig ist. Darin steht seit einiger Zeit Deutschland in lebhaftem Wettbewerb mit Frankreich, besonders in der Schweiz, Spanien, auch Rufsland, Rumänien, Argentinien [1], während Frankreichs Aufsenhandel im übrigen im Vergleich zu Deutschland gering ist. Auf dem deutschen Markte selbst hat sich die französische Konkurrenz, wie gezeigt wurde, nur in gewissen einzelnen Spezialitäten erhalten. —

Das demnächst am meisten Eisen produzierende Land, Rufsland, kommt als Konkurrent für uns weder in Deutschland noch auf dem Weltmarkt in Betracht. Dagegen ist uns innerhalb Rufslands, eines unserer besten Märkte, eine lebhafte Konkurrenz entstanden. Seine Roheisenproduktion, fast zu gleichen Teilen Schweifs- und Flufseisen, betrug 1894: 2704000 t, wovon auf Südrufsland die Hälfte, ein Viertel auf den Ural, je ein Zehntel auf Polen und Mittelrufsland entfällt; seine Kohlenförderung betrug etwa 13 Mill. t [2]. Darauf näher einzugehen, kann nicht Aufgabe dieser Arbeit sein. Unser Export aber, sowie die sonstige Entwicklung scheinen darauf hinzuweisen [3], dafs Rufsland seinen Bedarf an Rohstoffen mehr und mehr selbst decken wird, dagegen wir für Fabrikate, Waren und Maschinen noch einen sehr aufnahmefähigen Markt besitzen. Rufslands Einfuhr an Stahl und Eisen sank zwischn 1897 und 1899 um über 5 Mill. Pud auf 19126 Mill. Pud [4]. Dagegen vergröfserte sich in der gleichen Zeit der Wert des Imports an Eisenwaren von 24,5 auf 32,6 Mill. Rubel, der an Maschinen von 54,8 auf 99,4 Rubel. Besonders wächst der deutsche Export von feinen Eisenwaren [5].

Ebensowenig droht uns im allgemeinen seitens Öster-

Erze 38,3 Mk., Koks 13,6 Mk., Kalk 1,5, Arbeit 3,3, Unkosten 1,5 Mk. entfallen.

[1] Gothein, Aufsenhandel I. S. 388, 404, 410.

[2] Dortmunder Jahrbuch S. 602, 603.

[3] v. Schulze-Gävernitz, Volkswirtschaftliche Studien in Rufsland S. 282—307.

[4] Dortmunder Jahrbuch S. 602, 603.

[5] Gothein, Deutscher Aufsenhandel S. 404.

reichs eine Konkurrenz, seine Eisenindustrie macht mäfsige Fortschritte und steht hinter der unsrigen noch weiter zurück als 1879. Es stellt bei einer Erzförderung von 3,4 Mill. t und einer Kohlenförderung von 37,8 Mill. t. etwa 1427000 t Roheisen und 880000 t Stahl her[1]. Die Konkurrenz Österreichs beschränkt sich zum Teil auf Spezialitäten, wie steirische Werkzeuge, teils ist sie vorübergehender Natur, wie bei schmiedeeisernen Röhren. Von Sensen gehen etwa 10 %, von Sicheln dreiviertel der Ausfuhr nach Deutschland, in beiden Artikeln, wie auch in Feilen, Gabeln, Blechemailgeschirr stehn Deutschland und Österreich im Wettbewerb um den russischen und spanischen Markt, sowie überhaupt in Kleineisenwaren im ganzen Orient, besonders in Rumänien[2]. Innerhalb Österreichs finden wir nur einen ziemlich beschränkten Absatz, da die durch die Schutzzölle und andere Mittel stark protegierte[3] Eisenindustrie im wesentlichen den heimischen Bedarf deckt. — Zum Vergleich der österreichischen Produktionsbedingungen liegen recht wenig Angaben vor; die Verhältnisse scheinen — in dem angegebenen beschränkten Umfang — den unsrigen nicht unähnlich, Löhne, Arbeitsleistungen, Verkehr, Kapitalreichtum, Verbrauch niedriger, die Frachten etwa gleich zu sein. —

Belgien hat seinen von alters her hervorragenden Platz unter den Eisenländern der Welt nicht ganz zu behaupten vermocht. Die Roheisenproduktion steht mit 1036000 t an 7. Stelle, die Kohlenförderung mit 22 Mill. t. — ein Fünftel der deutschen — an fünfter[4].

Es produzierte 1881: 600000, 1890: 832000, 1895: 829000, 1899: 1036000 t Roheisen, wovon nur wenig Giefserei- und etwa drei Fünftel Flufsroheisen sind. Die immerhin bedeutende Produktion ist hauptsächlich auf den Export zugeschnitten, da die Aufnahmefähigkeit des kleinen Landes naturgemäfs nicht sehr grofs ist. So betrug 1899 die Ausfuhr von Stabeisen 248000 t, von Blechwaren 6100 t, Schienen 74000 t, Trägern 109000 t; sie richtet sich nach England, Holland, Frankreich, Rufsland, Südamerika, auch nach Indien, Japan, China, Spanien, Schweden, Deutschland, — fast überall in lebhaftem Wettbewerb mit deutschen Erzeugnissen, besonders Draht und Drahtstiften, groben Gufswaren, Geldschränken[5].

Und diese Konkurrenz ist gefährlich, da Belgien ausnehmend günstige Produktionsbedingungen hat. Sein grofser

---

[1] Swank, the American and foreign iron trades in 1899, S. 49, 50.
[2] Stahl und Eisen, 1899, S. 94. — Vgl. auch Gothein, a. a. O. S. 395 fg.
[3] Stahl und Eisen 1899, S. 506.
[4] Dortmunder Jahrbuch 1900/01, S. 601.
[5] Nach dem Bulletin du Comité des Forges de France Nr. 1548 abgedruckt im Dortmunder Jahrbuch 1900, S. 601 vgl. auch Gothein, Deutscher Aufsenhandel S. 396 fg.

Kohlenreichtum ermöglicht eine Ausfuhr von 5573000 t Steinkohlen und Koks; die Erze bezieht es billig aus dem nahegelegenem Luxemburg und Lothringen, auf Grund ungewöhnlich niedriger Frachten, nämlich bei Erzen 1,1 Pf. pro tkm, bei Koks 1,52 Pf., nach den Luxemburger Hochöfen sogar nur 1,3 Pf.[1] Auch den belgischen Arbeitern wird bei gleichen Löhnen etwas gröſsere Leistungsfähigkeit nachgesagt, doch dürfte dies Deutschland gegenüber nicht wesentlich sein[2].

Die Gefahr belgischer Konkurrenz innerhalb Deutschlands ist nicht groſs, da wir in den Artikeln, in denen Belgien excelliert, auch eine hochentwickelte Industrie haben, und zwar gerade in den Belgien benachbarten Gebieten. Desto lebhafter tritt sie auf dem Weltmarkt in Erscheinung. —

Den Wettbewerb Luxemburgs kann man kaum als ausländischen bezeichnen, da es innerhalb des Zollvereins liegt, seine Industrie auch teilweise mit der deutschen kartelliert ist. Es ist daher schon bei Besprechung der inländischen Konkurrenzverhältnisse auf Luxemburg Rücksicht genommen worden. Unter den Interessenten schwankt allerdings die Stimmung, wie weit man Luxemburg zum Inlande rechnen soll. Der bekannte Ingenieur Lürmann[3] hat einmal in polemischer Weise die direkten Vorteile Luxemburgs aus der Zollvereinszugehörigkeit auf 48 Mill. Mk., die indirekten auf 269 Mill. Mk. berechnet, indem Deutschland keinen Zoll gegen Luxemburg erhöbe und ihm Koks zu billigeren Preisen liefere; dafür schädige uns Luxemburgs groſse Erzausfuhr nach Belgien, das daraus billiges Roheisen herstellt. Anklang scheint diese Auffassung und kühne Berechnung kaum gefunden zu haben.

Luxemburg erzeugte 1899 über 6 Mill. Tonnen Erze und 983000 t Roheisen, besonders Thomas- und Gieſsereiroheisen. Die Selbstkosten sind infolge niedriger Erz- und mäſsiger Kohlenpreise niedrig, etwa den lothringischen entsprechend. —

Lebhaft überschätzt scheint lange Schweden-Norwegen zu sein, von dem man eine gefährliche Konkurrenz erwartete auf Grund der groſsen Erzschätze, besonders Norwegens, im Bezirk von Gellivara, Kirunawaara und Luosawaare. Doch stehn der Entwicklung einer lebhaften Eisenindustrie offenbar unüberwindliche Hindernisse entgegen, der Mangel an starker heimischer Nachfrage, an Arbeitskräften und auch an ausreichenden Transportmitteln trotz der projektierten Eisen-

---

[1] Stahl und Eisen 1899, S. 969.

[2] Die Herstellung von 1 t Bessemerroheisen berechnet Eng. and Mining Journal 1895 auf 43,40 Mk. in Lüttich, wovon auf Erze 32,3, Koks 14,6 Kalk 1,5, Arbeit 3,3, Unkosten 1,6 Mk. gerechnet sind.

[3] Seiner wirtschaftspolitischen Auffassung nach reiner Merkantilist; er hält es für ein Unglück, „wenn Geld aus dem Lande geht“! Stahl und Eisen 1895, S. 305 fg.

bahn Lulea-Ofoten[1]. Vorderhand ist jedenfalls die Konkurrenz der schwedischen Eisenproduktion für die deutsche Industrie in absehbarer Zeit weder auf dem deutschen noch auf dem Weltmarkt, aufser in gewissen Spezialitäten, bedrohlich. —

Die Eisenindustrien der übrigen Länder Europas, Italien, in dem sich unter dem Schutz hoher Zölle eine Industrie zu entfalten beginnt[2], Spanien mit 296 000 t Roheisenproduktion[3], Griechenland kommen als unsere Konkurrenten nicht in Betracht, ebensowenig wie Japan[4] mit 20 000 t Roheisenproduktion.

In der Schweiz wird zwar kein Eisen erzeugt, wohl aber in gewissem Umfange verarbeitet, besonders zu Maschinen, von denen vorzüglich Textilmaschinen zu uns importiert werden. Daneben ist die Schweiz ein wichtiges Absatzgebiet für uns.

§ 17. **Die Vereinigten Staaten von Amerika.**

Von gröfserer Bedeutung als der europäische ist für die Zukunft der deutschen Eisenindustrie die Gestaltung des nordamerikanischen Wettbewerbes. Die enorme Entwicklung der transatlantischen Eisenindustrie ist ja bekannt.

Führendes Land ist Nordamerika in der Maschinenindustrie, und zwar vorzüglich in landwirtschaftlichen, daneben auch in Näh- und Werkzeugmaschinen, sowie in Fahrrädern, deren Jahresproduktion 1897 auf 1 Million geschätzt wurde. Es soll von 24 Einwohnern einer ein Rad besitzen[5].

Ebenso ist die Roheisenindustrie die gröfste der Welt. Die Produktion in 1000 Tonnen betrug:

1880	1890	1894	1895	1899
3897	9344	6764	9597	13 859

und war 1900 noch überall im Steigen begriffen. Sie machte 1899 etwa 35 % der Weltproduktion aus, gegenüber 23 % in Deutschland, speziell die Stahlerzeugung sogar fast 40 %[6]. Bemerkenswert ist dabei das starke Überwiegen des sauren über den basischen Prozefs, etwa um das achtfache. Weniger bedeutend ist die vorzüglich im Süden ansässige Giefsereiroheisenproduktion. An Spiegeleisen werden inkl. Ferromangan etwa 220 000 t hergestellt, an Stahl über 10,6 Mill. t, wovon ein knappes Drittel in dem sehr stark entwickelten Herdfrischprozefs. Die Zahl der im Betriebe befindlichen Hochöfen ist überaus schwankend, 1895: 242, 1896: 159,

---

[1] Vgl. Gothein, Deutscher Aufsenhandel I, S. 363.
[2] Stahl und Eisen, 1899, S. 99.
[3] Dortmunder Jahrbuch 1900, S. 602.
[4] Ebenda, S. 603.
[5] Stahl und Eisen 1897, S. 5.
[6] Swank, Direktory to the Iron and Steel Works of the United States, 1899.

1899: 289. — Ebenso verschieden ist die Schienenherstellung in den einzelnen Jahren (1899: 2273000 t); die zum Strafsenbahnbau bestimmten Schienen zeigen seit mehreren Jahren keine Vermehrung. — Auch in der Drahtfabrikation steht Amerika mit 1099000 t i. J. 1899 voran, wenngleich sie in den letzten Jahren nicht sehr angewachsen, und der Import noch ziemlich erheblich ist. Die Nagelindustrie ist schon seit 130 Jahren stark entwickelt; neuerdings verliert auch hier die Herstellung geschnittener Nägel an Bedeutung gegenüber den Drahtstiften. An Platten und Blechen wurden 1904000 t 1899 hergestellt; ganz besonders wuchs in letzter Zeit die Weifsblechproduktion, von 2000 t i. J. 1891 auf fast 400000 t i. J. 1899, hauptsächlich infolge des grofsen Bedarfs an Konservenbüchsen. In demselben Mafse ging der englische Import von 328000 t i. J. 1891 auf 59000 t i. J. 1899 zurück und wird wohl binnen kurzem gänzlich verschwinden. — Für den Schiffbau werden neuerdings gewaltige Anstrengungen gemacht, doch sind die Leistungen bis hierher keineswegs imponierend. Nachdem noch 1898 ein Rückgang erfolgt war, belief sich 1899 die Zahl der erbauten Schiffe auf 91 mit 131000 Registertons Gehalt. —

In den letzten Jahren hat sich auch der amerikanische Export bedeutend entwickelt. Während bei der Gestaltung des deutschen Zolltarifs 1879 die Vereinigten Staaten nur als Absatzgebiet unserer Eisenindustrie in Betracht kamen und erheblich mehr ein- als ausführten, übersteigt jetzt der Export die Einfuhr bedeutend. Der Wert der Ein- und Ausfuhr an Eisen, Stahl und Waren daraus belief sich in Millionen Dollars im Durchschnitt der Jahre auf:

	1876—80	1881—85	1886—90	1891—95	1896—1899
Einfuhr	34,3	48,9	45,2	30,4	15,4
Ausfuhr	15,3	19,8	20,3	30,8	60,0.

Zwischen 1896 und 1899 stieg letztere von 49 auf 120 Mill. Dollars inkl. landwirtschaftlicher Maschinen- und Werkzeuge; davon entfallen 43 Mill. auf Maschinen, besonders Werkzeug-, Näh-, elektrische, Schreib-, Buchdruck- und Schuhmaschinen, Pumpen, 13,6 Mill. auf landwirtschaftliche Werkzeuge und Maschinen, ferner auf Röhren 6,7, Schienen 6,1, Draht 5,5, Schlösser etc. 5,5, Roheisen 3,3 Mill. Dollars. Der stark zurückgegangene Import war noch bedeutend in Weifsblech, Maschinen, Messern, Stahlingots und Roheisen.

Auf Grund dieser Tatsachen hat sich nun allmählich die Überzeugung gebildet — nicht am wenigsten in der amerikanischen Literatur — dafs Amerikas Eisenindustrie die absolute Überlegenheit besäfse und die andern Ländern neben sich zerdrückte. Dabei laufen doch aber wesentliche Überschätzungen mit unter.

Auch die deutsche Eisenindustrie hat sich in den letzten 20 Jahren sehr stark entwickelt. Die amerikanische Roheisenproduktion war schon 1880 wesentlich stärker, als die Deutschlands, so dafs in diesem Umstand an sich noch keine neue Tatsache liegt; sie stieg seitdem von 3,8 auf 13,6 Millionen t t, oder die Produktion von 1880 gleich 100 gesetzt, von 100 auf 355, die deutsche von 3,7 auf 8,14 Millionen t, oder von 100 auf 298. Und ebenso wie in den Vereinigten Staaten ist auch in Deutschland die 1880 noch unbedeutende Mehrausfuhr jetzt sehr grofs [1], die Ausfuhr selbst erst gerade an Wert von der amerikanischen überholt, während beide erheblich hinter der englischen zurückbleiben.

Bis jetzt kann daher keineswegs von einer Suprematie Nordamerikas in der Eisenindustrie gesprochen werden; in Abschnitt I. und II. war ferner dargetan, dafs innerhalb Deutschlands der amerikanische Wettbewerb nur in Spezialitäten, Röhren, gewissen Werkzeugen, Fahrrädern hervorgetreten ist, wozu noch landwirtschaftliche, Werkzeug-, Schreib- und Nähmaschinen kommen. Umgekehrt hat die deutsche Eisenindustrie noch an den Vereinigten Staaten einen guten Abnehmer, wenn sie auch an Boden sehr verloren hat [2]. — Dagegen ist allerdings auf dem Weltmarkt die amerikanische Konkurrenz mit voller Kraft in Erscheinung getreten und kämpft gerade mit der deutschen Industrie aufs erbittertste um viele Märkte, so mit dem deutschen Draht in Rumänien, Ostasien, Argentinien, mit Werkzeugen in Frankreich, Italien, groben Waren in Mittel- und Südamerika, Maschinen in Ostasien und, besonders landwirtschaftlichen, in Rufsland [3].

Nun ist eine verbreitete Meinung, die amerikanische Eisenindustrie entwickelte sich so, dafs sie binnen kurzem die unsrige auch auf dem deutschen Markte in Bedrängnis bringen würde. Um dies feststellen zu können, ist notwendig ein Vergleich der deutschen und amerikanischen Produktions- und Absatzbedingungen, der ergeben wird, 1. worauf die Machtstellung der amerikanischen Eisenindustrie beruht, und 2. ob sie auch in Deutschland uns gefährlich werden kann.

Innerhalb Nordamerikas selbst ist die Roheisenproduktion ganz verschieden geartet in den Nord- und Südstaaten. Die nördliche Gruppe vom Ozean bis Chicago beruht auf den ausgezeichneten Erzen am Lake Superior und den Kohlenschätzen Pennsylvaniens, die grofsenteils auf dem Wasserwege zueinander gebracht werden können; der Mittelpunkt dieser

[1] Eine genaue Vergleichung der Werte läfst sich bei der Verschiedenheit der Statistik nicht einwandsfrei durchführen.

[2] Bei nicht für den Massenbedarf bestimmten Artikeln und Maschinen soll dieselbe sogar noch einer Steigerung fähig sein. — Stahl und Eisen 1895, S. 602.

[3] Vgl. Gothein, S. 401 fg.

Gruppe ist Pittsburg. Die südliche umfafst die Staaten Alabama, Tennessee, Georgia, wo Erze, Kohlen, Kalksteine grofsenteils oft direkt bei einander lagern, zuweilen im Umkreis von 5 Meilen. Der Mittelpunkt ist Birmingham, von wo das Eisen zur Ausfuhr an den Mexikanischen Golf geschafft wird.

In Boston sind Anlagen von Hochöfen auf Grund spanischer, als Getreiderückfracht billig zu erhaltender Erze im Gange[1].

Die Industrie des Nordens ist sehr viel mächtiger, besonders in Pennsylvanien, wo die Hälfte alles Roheisens erblasen wird, Ohio, Illinois, ferner Wisconsin, Minnesota, den Erzgebieten, Michigan, und den atlantischen Küstenstaaten Virginia, New-York, Maryland, New-Jersey. In den Südstaaten, von denen Alabama etwa 8 %, Tennessee 3 % des Roheisens herstellt, steht einer starken Entwicklung das ungünstige Klima und das Überwiegen der industriell schlecht arbeitenden Negerbevölkerung entgegen. — In Pennsylvanien wächst die Produktion am stärksten, dann in Ohio, viel schwächer in Alabama.

I. Was nun dis einzelnen Produktionsbedingungen betrifft, so ist Nordamerika enorm reich an Erzen. Neben Deutschland allenfalls ist es das einzige Land, das mit seinen Erzen im wesentlichen auskommen kann, importiert werden nur 674000 t = 2,7 %, wovon 369000 t aus Kuba. Seine gesamte Erzproduktion wird für 1899 auf 24683000 t angegeben oder 29,5 % der Weltproduktion. Die Lager am Lake Superior sind wohl die reichsten der Welt. Es wurden in 1000 t Erze verschifft aus den Gebieten Mesabi 6626, Marquette 3757, Menominee 3301, Gogebic 2796, Vermilion 1772. Die Gruben sind einer stärkeren Ausbeute sehr wohl noch fähig. Diese Erze enthalten im Mittel 60 % Eisen, eignen sich bei einem Phosphorgehalt von 0,15—0,35 % vorzüglich zum Bessemerbetrieb und liegen nicht tief, sondern sind meist nur von einer mächtigen Kiesschicht bedeckt, die durch grofse Dampfbagger einfach und billig fortgeschaufelt werden können. Mit den gröfsten Dampfbaggern kann man bei 70 Mann Bedienung täglich etwa 2500 t gewinnen[2]. Die Gewinnungskosten sind daher sehr niedrig und werden sogar nur auf 10 Cent berechnet, was allerdings wohl ein denkbares Minimum bedeuten soll. Dazu kommen die Abgaben an die Grundbesitzer, die verschieden in den einzelnen Gebieten sind, etwa 50 Cents pro t betragen. Darnach stellen sich die Gewinnungkosten pro t auf Dollars in Mesabi 0,25—0,6, Vermilion 0,6—1,2, Gogebic 0,6—0,9, Marquette 0,75—1,5, Menominee 0,5—1 t[3].

[1] Stahl und Eisen 1900, S. 108.

[2] Ballod, Die deutsch-amerikanischen Handelsbeziehungen in den Schriften des Vereins für Socialpolitik Bd. 91, S. 186.

[3] Stahl und Eisen 1897, S. 952.

Die Erze der Südstaaten enthalten weniger, durchschnittlich 37—40 %, zuweilen 44 % Eisen, sehr viel Schwefel, geringe doch für den basischen Prozefs meist unzulängliche Mengen Phosphor; sie sind ziemlich kieselig und nach alledem für den Bessemerprozefs nur mäfsig geeignet. Die Förderung ist zwar bequem, doch arbeiten die Neger schlecht und teuer, so dafs sich die Kosten im ganzen nicht niedriger als im Saargebiet stellen[1]. Der Preis der Erze richtet sich nach dem Eisengehalt.

Ebenso vortrefflich ist Nordamerika mit Kohlen versehn, was anfänglich auch zu grofser Koksverschwendung führte[2]. Seine Gesamtproduktion wird auf 227 Mill. t = 31,5 % der Weltproduktion angegeben, wovon auf Anthrazit 54, auf bituminöse Kohle 173 Mill. kommen. Pittsburg bezieht seine Koks aus dem Connelsviller Revier, wo sie mit Bohrmaschinen leicht gefördert werden. Es soll sich der Preis der Tonne Kohle durchschnittlich auf etwa 1,5 Dollar in Pittsburg stellen, zuweilen nur auf 1 Dollar; sehr oft ist er aber erheblich höher; seit mehreren Jahren beträgt der Kokspreis etwa 2,5—3 Dollar pro t.

In den Südstaaten kostet in Alabama die Kohle nur 2,50 Mk. loco Grube, eine Tonne Koks etwa 6,50 Mk.[3], was auf ausgedehnter Maschinenverwendung, Mächtigkeit der Flötze, sowie Geringfügigkeit der Grundrente beruht[4].

Mit Holzkohle werden fast 300 000 t Roheisen erblasen. — Endlich ist auch noch der, für die Koksproduktion sehr förderliche, Gasreichtum der amerikanischen Erze und Kohlen zu erwähnen[5]. —

II. Während in den Südstaaten, wie erwähnt, Kohlen und Erze ganz dicht beieinander lagern, liegen die Erze des Lake Superior und die Kohlen von Connelsville sehr weit entfernt. Doch ist der Verkehr durch die Möglichkeit der Benutzung von Wasserwegen sehr erleichtert. Man schafft die Erze zu den Connelsviller Kohlen, jetzt sollen auch Hochöfen im Erzgebiet errichtet werden[6].

Mit der Eisenbahn gehen die Erze zunächst von den Fundstätten an die Häfen des Lake Superior, hauptsächlich Escanaba, Two Harbors, Duluth, Marquette, Ashland; die Entfernung Mesabi-Duluth beträgt 130 km, die übrigen zwischen 60 und 150 km. Dort werden sie in den sogen. Walfischrückenschiffen mit grofsem Tiefgang verladen, die bis 6000 t Erze aufnehmen und zwischen Mai und Dezember etwa 40

---

[1] Ballod, a. a. O. S. 185, Stahl und Eisen 1897, S. 437.

[2] Stahl und Eisen 1888, S. 230.

[3],[4] Ballod, a. a. O. S. 185, aus „Nchrichten aus Handel und Industrie 1900, Nr. 158."

[5] Stahl und Eisen 1897, S. 393.

[6] Ebenda, 1899, S. 939 (Swank).

Reisen machen können[1]. In diesen werden sie über den Lake Superior transportiert, dann nach dem Lake Huron und entweder über den Lake Michigan nach Chicago oder durch den St. Clairkanal vom Huronen- nach dem Eriesee, wo sie in Cleveland, Ashtabula, Erie ausgeschifft und wieder auf die Bahn verladen werden. Die Entfernung Duluth—Cleveland beträgt 1200 km, die nach Chicago noch mehr.

Von den unteren Häfen des Lake Erie gehen die Erze endlich mit der Eisenbahn nach Pittsburg oder den andern Produktionsstätten Pennsylvaniens, eine Entfernung von etwa 210 km.

Der Gesamtweg, den die Erze zurückzulegen haben, ist etwa 1200 km zu Schiff und 350 km zu Eisenbahn, wobei ein zweimaliges Umladen erforderlich ist[2]. Die Entfernung ist also gröſser als irgend eine in Deutschland oder England für die Eisenindustrie in Betracht kommende.

Diesen groſsen Entfernungen entsprechen aber die Frachtkosten keineswegs; besonders ist die Seefracht auſserordentlich billig, auf der ganzen groſsen Entfernung etwa nur 1 Dollar pro Tonne. Auch die Eisenbahnfrachten werden, hauptsächlich infolge der Konkurrenz, niedergehalten, die sich die Privateisenbahnen untereinander machen. Doch sind sie bisher an sich nicht niedrig: Ballod[3] gibt für die Fracht Mesabi—Duluth 80 cent = 3,36 Mk. an, was ungefähr 2,6 Pf. pro tkm ausmacht, für die Fracht von den Eriehäfen nach Pittsburg 105 cent = 4,41 Mk. bezw. 2,1 Pf. pro tkm.

In den letzten Jahren haben nun allerdings die groſsen Eisen- und Stahlunternehmer mehrere der Hauptlinien erworben, so die Federal Steel Comp. 1899 die Eisenbahn Duluth—Mesabi, dieselbe, sowie Carnegie Linien von Cleveland nach Pittsburg. Sie hoffen, die Transportkosten auf letzterer Strecke bis zu 25 cent pro Tonne herabzubringen[4].

Es werden darnach die Kosten einer Tonne Erz in Cleveland, also nach der Ausschiffung, auf 1,82—3,65 Dollars angegeben, wovon auf Gewinnung 0,25—1,5 Dollars, auf Abgaben 0,05—0,5 Dollars, Transportkosten 1,02—1,8 Dollars und Kommission 0,1—0,15 Dollars entfallen[5]. Tatsächlich waren die Erzpreise in den letzten Jahren, auch schon vor der

---

[1] Ballod, a. a. O. S. 187.
[2] Ebenda, S. 186.
[3] A. a. O. S. 187, 188.
[4] Ebenda, S. 188.
[5] Stahl und Eisen 1897, S. 950 fg.

Hausse meist höher. Es kostete nämlich in Dollars Flufsroheisen

1898	1899	1900	1898	1899	1900
Mesabi 2,15—2,25	2,25—2,4	4,4—4,9	Marquette specular 3,2	3,3	6,2
Nr 1. Bessemer Hematites 2,85	3,0	5,6	Marquette extra low-phosph, Bess 3,65	3,9	6,9
Mesabi von Bessemer 1,8	2,0	4,1	Marquette non-Bessemer 2,4	2,5	5

Zwischen 1899 und 1900 ist der Erzpreis auf mindestens das doppelte gestiegen[1].

Bisher kann man darnach kaum behaupten, dafs die amerikanischen Hochöfen ihre Erze etwa wesentlich billiger erhielten als die deutschen oder englischen. Auch abgesehen davon, dass die deutschen Erze in guten Zeiten längst nicht so rapid im Preise zu steigen pflegen, ist selbst in gemäfsigten Zeiten, wie 1898, der Erzpreis nicht geringer als bei uns. Rechnet man noch zu den oben angegebenen Summen 100 cent für die Fracht Cleveland—Pittsburg, so stellt sich die Tonne Erz in den pennsylvanischen Hochöfen auf reichlich 3,5 Doll. im Durchschnitt[2]; diese Summe wird nur von einem Teil der rheinisch-westfälischen und schlesischen Hochöfen übertroffen.

Kohlen und Koks bezieht Pennsylvanien natürlich billiger, als etwa Lothringen bei uns, aber der Unterschied gegenüber Rheinland—Westfalen oder Schlesien kommt kaum in Betracht. Bei allem Reichtum der Vereinigten Staaten an den beiden Rohstoffen der Eisenindustrie mufs daher festgestellt werden, dafs sie sich im Hochofen nicht billiger als bei uns stellen.

III. Sehr unsicher ist wieder der Vergleich zwischen deutschen und amerikanischen Arbeitskosten.

Es ist ja bekannt, wie sehr viel höhere Löhne in Amerika gezahlt werden, als auf dem Kontinent und auch in England. Gates, Vorsitzender der ‚Steel and Wire Comp.‘ gibt den Tageslohn eines Arbeiters im Oktober 1898 an auf 7,60 Mk. — Monatslohn 45,4 Dollars = 191 Mk. — im August 1899 auf 9,5 bis 10 Mk. — Monatslohn 58,6 Dollars = 240 Mk. — und zwar für gelernte Arbeiter 12,8 Mk., für ungelernte 8,6 Mk. Er meint, dafs man in den Vereinigten Staaten um 60—85 % höhere Löhne als in Europa bezahle. Die ‚Labour Gazette‘ gibt als Jahreslohn bei den grofsen Stahltrusts für gelernte Arbeiter 3000 Mk., für ungelernte 1500 Mk., durchschnittlich etwa 2200 Mk. an, — vor der Fusion 2630, bezw.

---

1 Swank, a. a. O. S. 16.
2 Vgl. Ballod S. 188.
3 Vgl. hierzu Ballod S. 194—197; Stahl und Eisen 1900, S. 1014.

1250, durchschnittlich 1960 Mk. Es entspräche das etwa dem Gatesschen Prozentsatz.

Nun wird zwar auch von wesentlich niedrigeren Löhnen berichtet; nach einem Artikel[1] des New York Eng. and Mining Journal vom 8. X. 1898 soll zwar der Tages-, nicht aber der Jahreslohn der amerikanischen Berg- und Eisenarbeiter höher als in Europa sein wegen der unregelmäfsigen Beschäftigung. So verdiene ein Bergmann zwar 7,35—8 Mk. pro Tag, aber nur etwa 840 Mk. im Jahr. Doch scheint mir die Richtigkeit dieser Behauptung gegenüber allen andern Angaben sehr zweifelhaft. Gewifs ist der Betrieb in den amerikanischen Werken sehr viel schwankender als bei uns, aber dafs ein Arbeiter durchschnittlich nur etwas über 100 Tage im Jahre beschäftigt ist, dürfte doch wohl nur in Krisenjahren vorkommen. Man darf nicht vergessen, dafs unsere Jahreslohnberechnungen auch meist eine stetige Beschäftigung voraussetzen, wie sie 1901 nur ein Teil der Metallarbeiter gehabt hat.

Im ganzen wird jedenfalls auch in der amerikanischen, nicht schutzzöllnerischen Literatur die grofse Höhe der Löhne als ein Faktum hingestellt[2].

Der für die Lebenshaltung der Arbeiter entscheidende Reallohn ist infolge der hohen amerikanischen Warenpreise etwas geringer anzusetzen. Doch sind gerade die Hauptbedürfnisse des Arbeiterhaushalts infolge niedriger Getreide-[3] und Nahrungsmittelpreise nicht teurer zu befriedigen als in Deutschland. Jedenfalls ist der Reallohn noch ein ganzes Teil höher als bei uns. — Ein Teil der höheren Löhne ist auch gegen die grösseren sozialpolitischen Lasten Deutschlands aufzurechnen.

Dementsprechend ist aber auch die Leistungsfähigkeit der amerikanischen Arbeiter der der europäischen überlegen. Es ist anzunehmen, dafs die auf eine Produktionseinheit entfallenden Arbeitskosten trotz höherer Löhne den deutschen etwa gleich sind, wie denn überhaupt die Tatsache wissenschaftlich als anerkannt gelten darf, dafs höhere Löhne und niedrigere Arbeitskosten — wenigstens innerhalb einer industriell hochentwickelten Kultur — meist zusammenfallen. Auch Gates nimmt die amerikanischen Arbeitskosten als gleich an[4]. — Ich verzichte darauf, die höhere Leistungsfähigkeit der amerikanischen Arbeiter in den Nordstaaten

---

[1] Zitiert nach Stahl und Eisen 1898, S. 1061.

[2] Atkinson, in zwei Vorträgen „The interdepence of nations“ und „British Manufactures and the Policy of unfettered Commerce“, April 1901.

[3] 1882—1896 kostete in Chicago der Weizen weniger als der Weizen in Berlin 55—47—50—50—58 Mk., als der Roggen in Berlin 55—30 32—28—21 Mk. Vierteljahrshefte 1898, Heft I, S. 21, 22.

[4] Ballod a. a. O. S. 197.

durch Zahlen zu belegen, da ganz einwandsfreie Angaben doch kaum zu machen sind; als Beispiel führe ich nur an, dafs man die Jahresleistung eines amerikanischen Grubenarbeiters auf 450, die des deutschen auf 271 t Kohlen einschätzt[1]. Atkinson geht so weit zu sagen, dafs auf der Höhe ihrer Löhne die Leistungsfähigkeit der amerikanischen Industrie beruhe; ein Export finde nur in Waren statt, die von höher gelöhnten Arbeitern hergestellt würden[2].

Immerhin ist der Unterschied zwischen den Löhnen in den Vereinigten Staaten und Deutschland so hoch, dafs wenn zwar nicht höhere, so doch auch nicht geringere Arbeitskosten für Nordamerika anzunehmen sind. —

IV. Bedeutend sind dagegen die Vorteile, die aus den enormen Betriebskombinationen der amerikanischen Eisenindustrie resultieren. Dem Verzeichnis von Swank[3] entnahm ich einige Angaben über die gröfsten der Trusts:

Die Carnegie Company besitzt eigene Erz- und Kalklager, Kohlengruben, Eisenbahnen, Schiffahrtslinien mit einem Kapital von 160 Mill. Dollars; die Federal Steel Comp. ebenfalls Erze, Kohlen, 20 Hochöfen, Walzwerke, Eisenbahnen mit 100 Mill. Dollars Kapital; ebenso die American Steel and Wire Comp. in Jersey mit 90 Mill., die National Steel Comp. im New York mit 59 Mill., die Republic Iron and Steel Comp. mit 55 Mill. Dollars Kapital. Dazu kommen die National Tube Comp. — vorzüglich Röhren: — 80 Mill., die Amer. Bridge Comp. mit 70 Mill., die American Sheet steel Comp.: 52 Mill., die American Tin Plate Comp.: 50 Mill. — Walzeisen und Weifsblech —, American Smelting and Rifing Comp. in New York: 65 Mill., American Car and Foundry Comp. in St. Louis: 60 Mill., American Steel Hoop Comp. in Pittsburg: 33 Mill. Dollars, — vorwiegend Bandeisen —, die Crucible Steel Comp. mit 50 Mill., die Shipbuilding Comp. mit 30 Mill. Dollars und noch mehrere andere mit gleich hohem Kapital. Das in den Trusts angelegte Kapital schätzt man auf im ganzen 5000 Mill.

---

1 Stahl und Eisen 1900, S. 344.

2 Er sagt S. 29: I challenge any one to name a single article listed in the manifests of our outgoing vessels in which the wages or earnings of those who perform the manual and mechanical work of their production are not higher in terms of money by twenty-five to one hundred per cent than are the wages of the manufacturing or exporting countries, chiefly Great-Britain, France, Germany and Belgium from which the same kinds of goods are sent out to other parts of the world. I challenge any one to name any article, even of the crude products, of the field and the mine, in which the wages recovered from the export by the producers of this country are not from five to ten times so greats as are the wages or earnings in money of other countries from which crude products of like time are sent ont into the markets of the world.

3 Swank, Direktory to the Iron and Steel Works of the United States, 1899; ebenso 'The consolidations and Listed Stock Companies in the Iron and Allied Trades'; Supplement to the Iron Age 27. XII. 1900.

Dollars. — Auch in Canada hat sich vor zwei Jahren als Dominion Coal und Steel Comp. ein ähnliches Riesenunternehmen aufgetan[1].

Die Bewegung macht natürlich immer weitere Fortschritte, besonders durch Ankauf eigener Erzgruben, Eisenbahnlinien und Dampferflotten.

Die in § 6 besprochenen Vorteile solcher Betriebskombinationen gelten für Amerika in noch höherem Maſse, doch scheinen den Vorteilen bei derartig groſsen Vereinigungen auch einige Nachteile gegenüber zu stehen[2], einmal ein starkes Steigen der Grundrente, ferner auch die Möglichkeit der Kapitalausgabe zu unproduktiven Zwecken. Die Kombinationen der letzten Jahre, besonders das Aufkaufen der Transportlinien ist teilweise zu so hohen Preisen erfolgt, daſs auf Gründergewinn und Kapitalverzinsung ein groſser Teil der Einnahmen verwandt werden muſs, und die Beständigkeit der Riesenunternehmungen in Depressionszeiten doch in Frage gestellt ist.

Immerhin überwiegen die wirtschaftlichen Vorteile der Kombinationen erheblich, um so mehr als ihre Wirksamkeit durch die Handelspolitik der Vereinigten Staaten in hervorragender Weise unterstützt wird.

V. Dazu kommen noch mehrere Vorzüge technischer Art, hauptsächlich auf dem Gebiete des Transportwesens[3]. So verwendet man bessere Entladungsvorrichtungen, nämlich trichterförmig gebaute Wagen, deren Entladung durch bloſses Öffnen der Klappen bewirkt wird, sowie Waggons mit höherem Tonnengehalt, was eine groſse Ersparnis bedeutet. Nach Angaben des Ingenieurs Macco[4] können die amerikanischen Waggons 55 t fassen gegenüber 10—15 t in Deutschland; daher brauche ein preuſsischer Durchschnittszug von 76 Achsen oder 38 Wagen à 15 t 304 m Geleislänge, ein amerikanischer von gleicher Ladefähigkeit, 143 m — (13 Wagen à 45 t). — Die Nutzlast sei viel gröſer; auf die Tonne kämen dort nur 350 kg Tara, in Preuſsen 533 kg, und die Zugkosten stellten sich demgemäſs in Amerika nur auf 0,62 Pf. pro tkm.

Ein anderer Vorsprung liegt in der stärkeren Verwendung von Maschinenarbeit bei der Produktion, wie dies für Feilen in § 14 schon dargetan wurde. Auch in der Nagelindustrie hat man schon früh mit Maschinenarbeit begonnen und führt dies in stärkerem Maſse als bei uns durch. Bei den Werkzeugmaschinen wird von Fachkennern vielfach die schärfere Präzisionsarbeit betont, von anderer Seite allerdings lebhaft bestritten.

---

[1] Stahl und Eisen 1899, S. 1034.
[2] Ballod a. a. O., S. 198.
[3] Ballod a. a. O., S. 191.
[4] Stahl und Eisen 1900, S. 7 fg., 785 und 1899, S. 786.

Ein anderer, viel besprochener Vorzug der amerikanischen Industrieverhältnisse, liegt in der gröſseren Uniformität ihrer Erzeugnisse, der geringen Zahl ihrer Modelle. Es ist drüben viel weniger üblich, nach Bestellung zu arbeiten als bei uns; gewisse in der Zahl beschränkte Modelle werden vorrätig gehalten, und unter diesen muſs sich dann der Käufer zur Wahl entschlieſsen [1].

Im einzelnen kann hier natürlich nicht auf technische Differenzen eingegangen werden. Von einer allgemeinen Überlegenheit amerikanischer Technik kann man wohl kaum sprechen.

Als Nachteil schlieſslich wird noch angeführt, daſs die wisssenschaftlichen Prüfungen und chemischen Untersuchungen, besonders in den Südstaaten, recht unzuverlässig sind. Daher gilt das Gieſsereiroheisen aus Alabama als ziemlich mangelhaft.

VI. Was schlieſslich die allgemeinen Faktoren anbelangt, von denen die Blüte einer Industrie abhängt, heimischer Absatz und Verbrauch, Lebhaftigkeit des inneren Verkehrs, Kapitalreichtum, so ist es bei der groſsen Verschiedenheit der Konsumtionszwecke innerhalb der Eisenindustrie kaum möglich, allgemein gültige Tatsachen hervorzuheben.

Nimmt man als Maſsstab den Roheisenverbrauch pro Kopf der Bevölkerung, ein mangelhafter Notbehelf, so erhält man 176 kg für 1900, also weniger als in England und etwas mehr als in Deutschland.

Es dürfte aber nicht richtig sein, daraus auf eine groſse Kaufkraft der amerikanischen Bevölkerung zu schlieſsen. Auf einzelnen Gebieten, so an Maschinen, Weiſsblech, besonders landwirtschaftlichen Werkzeugen und Maschinen, ist der Gebrauch allerdings bedeutend höher als bei uns. — Der Kapitalreichtum steht noch weit hinter dem Englands, Deutschlands, Frankreichs zurück.

Sehr stark ist die Verkehrsentwicklung innerhalb Nordamerikas infolge ihres enormen Eisenbahnbaues; sie haben um ein Viertel mehr Kilometer Schienen liegen als ganz Europa. Trotzdem ist bei den weiten Landflächen Amerikas die Dichtigkeit seines Eisenbahnnetzes auch nicht annähernd dem Deutschlands zu vergleichen. Die für den heimischen Absatz in Betracht kommenden Eisenfrachten, besonders von Pennsylvanien nach den Industriestaaten der atlantischen Küste, sind verhältnismäſsig niedrig. —

Versucht man die festgestellten Erscheinungen in ein Gesamtbild zusammenzufassen, so wird man folgendes sagen

---

[1] Wedding, Eisenhüttenwesen S. 76 führt dies mit Recht auf historische Gründe zurück; in Amerika sei nicht wie bei uns der Fabrikbetrieb aus dem Handwerk entstanden.

können: Nordamerika ist ungemein reich an Rohstoffen, Kohlen und Erzen. Trotz niedriger Frachten erhalten aber die Eisenwerke infolge der grofsen Entfernungen ihre Rohstoffe nicht billiger als bei uns. Trotz höherer Löhne sind die Arbeitskosten etwa gleich. Aus den Betriebskombinationen ergeben sich überwiegend Vorteile. Der heimische Absatz ist etwas weniger intensiv, vor allem gröfseren Schwankungen ausgesetzt als bei uns. — Darnach sind die Produktionskosten im ganzen günstiger als in Deutschland, aber nicht bedeutend[1].

Die Angaben über die Produktionskosten des Roheisens speziell sind sehr schwankend; nach dem Dortmunder Jahrbuch 1900 betrugen sie — wohl in Pittsburg — für die Tonne Thomasroheisen 1897: 45,02 Mk. ohne Generalunkosten, wovon auf Erze 18,59 Mk., Koks 18,19 Mk., Kalk 1,94 Mk., Arbeitslohn, Reparaturen 5,54 Mk. entfallen, also ungefähr gleich wie in Rheinland-Westfalen und teurer als in Lothringen und Ilsede. Die Selbstkosten einer Tonne Thomasstahlblöcke wird auf 72,14 Mk. berechnet, wovon an Nebengewinn für basische Schlacke 2,90 Mk., Stahlschrott 1,49 Mk., alte Koquillen 0,41 Mk. abgingen. — Allerdings werden auch wesentlich niedrigere Angaben gemacht, so für die Tonne Bessemerroheisen 6,75 Dollars ohne Generalunkosten in Pittsburg, wovon Koks nur 1,5 Dollars[2]; — für dasselbe Jahr 37,9 Mk. für Bessemer und 37,49 Mk. für Giefsereiroheisen[3]. Die Produktionskosten in Alabama sollen 1897 bis auf 27 Mk., 1896 sogar auf 26 Mk. herabgegangen sein[4], hauptsächlich infolge billigen Kohlen- und Erzbezuges. Gleichwohl scheint die Eisenindustrie Alabamas nicht voranzugehen; übrigens gab auch das Peiner Werk für dieselben Jahre nicht höhere Ziffern an. Viel läfst sich aus diesen Berechnungen nicht schliefsen[5].

Die geringsten Preise zwischen 1897 und 1900 betrugen[6] für

Giefsereiroheisen Nr. I., Philadelphia	Juli '98	= 11,25 Dollars.
graues Puddeleisen Pittsburg	Juli '97	= 8,25 „
Bessemereisen Pittsburg	Mai '97	= 9,25 „
Stabeisen Pittsburg	Februar '97	= 16,0 „
Bessemer Flufseisenknüppel	Mai '97	= 13,85 „

[1] Ebenso im ganzen Ballod a. a. O., Ingenieur Schröder-Düsseldorf, Stahl und Eisen 1897, S. 948, 1899, S. 152.

[2] Stahl und Eisen 1897, S. 948 fg.

[3] Ebenda 1899, S. 76,

[4] Ebenda 1897, S. 439 fg.

[5] Vor einer zu günstigen Beurteilung der amerikanischen gegenüber den englischen Produktionsbedingungen warnt Schoenhoff a. a. O. S. 102 „With all her antiquitated appliances, a dozen years ago and her humdrum methods of labor and menagement, the cost of production (in England) was not much higher than it is at the best appointed works in America to-day.“

[6] Swank a. a. O., S. 46.

Selbst in so besonders ungünstigen Jahren, wie es 1897 für die amerikanische Eisenindustrie war, und wo von einer inländischen Preiserhöhung durch Zölle und Trusts noch keine Rede sein konnte, standen die Pittsburger Preise nicht sehr bedeutend unter den deutschen Durchschnittspreisen in Depressionsjahren. Die amerikanischen Eisenpreise unterliegen so starken Schwankungen, wie die keines anderen Landes, — übrigens ein Beweis, daſs hohe Zölle an sich keine Festigkeit der Preise garantieren. Stahlschienen z. B. schwanken seit 1880 zwischen 17,62 Doll. und 67,5 Doll., Gieſsereiroheisen Nr. I zwischen 11,66 Doll. und 28,5 Doll.[1] —

Für die uns vorliegende Frage nach der Gefahr des amerikanischen Wettbewerbs in Deutschland und auf dem Weltmarkt sind nunmehr die amerikanischen Absatzbedingungen in das Ausland einer kurzen Prüfung zu unterziehen. Es zeigt sich zunächst, daſs sie in keiner Weise mit denen Deutschlands oder gar Englands verglichen werden können. Die amerikanischen Handelsbeziehungen mit anderen Ländern sind weniger rege; insbesondere haben die Kaufleute sich nicht an so zahlreichen Plätzen niedergelassen wie die deutschen. Das gilt nicht für Südamerika, wo die Vereinigten Staaten wegen der geographischen Nähe hauptsächlich den Handel an sich gezogen haben.

Wenn trotzdem gerade in Eisen und Eisenwaren die Ausfuhr gröſsere Dimensionen angenommen hat, so beruht das zum groſsen Teil auf den Trusts und der sie begünstigenden amerikanischen Handelspolitik.

Die hohen Zölle auf Eisen und Eisenwaren ermöglichen es neben der abgeschlossenen Lage Amerikas den groſsen Trusts, unter Ausbeutung des inneren Marktes den Export zu forcieren. Es ist eine viel erwähnte Tatsache, daſs die Eisenindustrie der Vereinigten Staaten, wenigstens in guten Jahren, für den Export in noch stärkerem Maſse die Preise erniedrigt, als die unsrige. Die einzelnen Angaben stimmen allerdings nicht überein.[2] Nach Gates sind die einheimischen Preise 50—60, ja 70 % höher als die Exportpreise, nach Guthril, Präsident der Amer. Steel Hoop Comp. um etwa 20 %. Jedenfalls handelt es sich um sehr erhebliche Unterschiede.

Ob die In- oder Auslandspreise den Kosten entsprechen, ob Amerika also ins Ausland zu Schleuder- oder ins Inland zu exorbitanten Preisen liefert, ist im einzelnen Fall schwer zu sagen. Daſs die Industriellen, wie Guthril sagt, mit Verlust nur aus Patriotismus exportierten, um Geld ins Land zu bringen, ist natürlich eine Vorspiegelung, um so mehr als er

[1] Swank, ebenda.
[2] Vgl. Ballod a. a. O. S. 197, 198.

gleichzeitig behauptet, dafs man Deutschland, England, Belgien auf ihren eigenen Märkten unterbieten könnte[1]. Wahrscheinlich wird für den Export ohne Gewinn zum Kostenpreis exportiert, und werden desto höhere Gewinne im Inland erhoben. Jedenfalls sind Exportpreise, die nicht wesentlich die Selbstkosten überschreiten, auf die Dauer nur möglich, wenn auf dem innern Markt infolge hoher Zölle ziemlich beliebige Preise erhoben werden können.

Andererseits hindert allerdings dieselbe Prohibitivpolitik die Entwicklung der amerikanischen Ausfuhr, weil die Vereinigten Staaten andern Ländern wenig abkaufen, und daher auch ihr Absatz erschwert ist. Aber dies macht sich einmal solange nicht geltend, als sie an Europa noch verschuldet sind, — und aufserdem nicht für die Eisenindustrie, die in Amerika ja eigentlich nicht auf den Export zugeschnitten ist.

Nach alledem gewinnt die weitere Gestaltung der ameri kanischen Handelspolitik auch für die unsrige ein weitgehendes Interesse. Nicht etwa, weil man hoffen könnte, für unsern Eisenexport den amerikanischen Markt wieder zu erobern — das ist wohl im gröfseren Mafse ausgeschlossen, — sondern weil die Möglichkeit einer Konkurrenz der Vereinigten Staaten wesentlich bedingt ist durch ihre hohen Zölle und die dadurch ermöglichte Forcierung des Exports; diese würde mit einer Zollreduktion wahrscheinlich ihr Ende finden. Denn dann würde die amerikanische Industrie ihre Inlandspreise ermäfsigen müssen, um sich nicht durch die ausländische, in erster Linie englische Konkurrenz unterboten zu sehn. Eine derartige Schmälerung der im Inland erzielten Gewinne würde die Beibehaltung von Schleuderpreisen für den Export unmöglich machen und damit die Gefahr der amerikanischen Konkurrenz wesentlich vermindern.

Es ist natürlich noch sehr unsicher, welchen Gang die Handelspolitik der United States weiterhin nehmen wird. Zweifellos mehren sich die Anzeichen, dafs man daran denkt, von der Hochschutzpolitik abzugehen, wie es Mc. Kinley in seiner letzten Rede in der Pan American Ausstellung in Buffalo am 5. Sept. 1901 gesagt hat[2]: „Isolation is no longer possible or desirable . . . Reciprocity treaties are in harmony with the spirite of the times, measuries of retaliation are not.“ Kühler klingt allerdings die Botschaft des neuen Präsidenten Roosevelt. Auch viele andere amerikanische Staatsmänner und Publizisten sind für Ermäfsigung des Mc. Kinley-Tarifs tätig; vor der Hand scheitern aber die Bemühungen

[1] Ebenda.

[2] Zitiert nach „The bulletin of the Amer. Iron and Steel Association,“ Philad. 25. Sept. 1901.

der Reziprozitätsfreunde noch an dem Widerstand des Senats und der Interessenten, die meinen: ‚Let reciprocily wait‘ [1]. Es scheint auch fraglich, ob die Anhänger von Handelsverträgen gerade Ermäfsigungen der Eisenzölle für den Fall ihres Sieges in Aussicht genommen haben; bisher ist hauptsächlich, auch bei Atkinson, von einer Ermäfsigung der Zölle auf fremde Rohstoffe die Rede. Wahrscheinlich wird sich allerdings ein Umschwung der Zollpolitik auf die Eisenindustrie mit erstrecken. — Die Entwicklung der Zölle hängt sehr von finanziellen Rücksichten ab; jedenfalls bedeuteten in den letzten Jahren die grofsen Ausgaben anläfslich des Krieges mit Spanien ein starkes Hindernis für Zollreduktionen [2].

Fast noch wichtiger dürfte in dieser Beziehung ein etwaiger Kampf gegen die Trusts werden, denn diese sind ja zum grofsen Teil auf der amerikanischen Zollpolitik aufgebaut, und sie können daher wirksam nur durch Zollermäfsigungen angegriffen werden. Für die nächsten Jahre ist entgegen den ersten Ankündigungen Roosevelts ein solches Vorgehen nach der Botschaft an den Kongrefs ausgeschlossen. Dafs es aber in absehbarer Zeit zu einem solchen Kampf zwischen Trusts und Konsumenten kommen wird, ist sehr wahrscheinlich. Denn auf die Dauer wird die Masse der amerikanischen Verbraucher nicht willfährig genug sein, um sich zu Gunsten des Auslandes höhere Preise abnehmen zu lassen. Zölle auf Erzeugnisse von Exportindustrien lassen sich nur schwer aufrecht erhalten.

Aber selbst wenn auch die amerikanische Handelspolitik noch lange unverändert bliebe, dürfte doch — aufser in gewissen Waren — auf dem deutschen Markte der amerikanische Wettbewerb unserer Industrie kaum sehr gefährlich werden, wie es ja auch bisher nicht der Fall ist. Einer weiteren Zunahme des Exports stehen die bedeutenden Frachtkosten nach Deutschland entgegen. Einmal ist die Entfernung Pittsburgs von der atlantischen Küste recht grofs, bis Baltimore 520, Philadelphia 565, New-York 690 km, — und wenn die Fracht auch niedrig ist, so beträgt sie doch für die Tonne Roheisen 1,6 bezw. 1,7 bezw. 2,1 Dollars, für die Tonne Stahlknüppel 1,8 bezw. 2,1 bezw. 2,4 Dollars. Fertige Fabrikate kosten 3,36 Dollars = 14,10 Mk. bis New-York [3].

Dazu kommt noch die viel bedeutendere Seefracht. Schon nach England rechnet man meist 3,5—4 Dollars pro Tonne, zuweilen allerdings auch nur 2—2,5 Dollars [4]. Für die Seefracht nach Deutschland mufs man aber mindestens

---

[1] The Bulletin 10. Okt. 1901.
[2] Atkinson a. a. O. S. 37 fg.
[3] Ballod a. a. O., S. 189.
[4] Stahl und Eisen 1897, S. 439, 948.

10—12 Mk. ansetzen, durchschnittlich wohl mehr[1]. In Zeiten ganz aufsergewöhnlich niedriger Preise kostete daher 1896 amerikanisches Gufsroheisen 48 Mk. cif Hamburg, 62—65 Mk. verzollt in Mitteldeutschland, bei ziemlich geringer Qualität; 1897 kommt einmal aus Alabama Giefsereiroheisen Nr. III. für 44,4 Mk. cif Hamburg und Thomasroheisen für 51 Mk. ohne Zoll auf den Markt[2]; das ist aber auch das niedrigste, was erreicht ist. Der Frachtverkehr wird für Eisen und Eisenartikel solange kaum eine Verbilligung erfahren, als wir einen Getreideimport aus den Vereinigten Staaten haben, was auf absehbare Zeit der Fall ist. Wir dagegen führen nach Amerika im allgemeinen wenig voluminöse, fertige Waren aus. Es gibt daher keine billigen Rückfrachten, vielmehr werden die Schiffe auf der Fahrt Amerika—Deutschland schon jetzt durch den Getreidetransport stark in Anspruch genommen. — In feineren, billiger zu transportierenden Waren — mit hohem spezifischem Wert — ist aber die deutsche Industrie fast durchgängig der amerikanischen überlegen. —

Aus den vorhergehenden Betrachtungen ergibt sich:

I. Die deutsche Eisenindustrie ist bis auf wenige Artikel so stark, dafs sie eine ausländische Konkurrenz nicht zu fürchten braucht. Kein anderes Land hat um so viel günstigere Produktionsbedingungen, dafs es unter Hinzurechnung der Frachtkosten uns auf dem deutschen Markte unterbieten könnte.

II. Infolge der den Verbrauch immer leichter übersteigenden Produktion gestaltet sich der Wettbewerb auf dem Weltmarkt immer schwieriger. Der Erfolg fällt dem zu, der die günstigsten Handelsbeziehungen und Verträge sowie die niedrigsten Produktions- und Frachtkosten hat.

III. Es ist nach allem nicht wahrscheinlich, dafs diese Verhältnisse in absehbarer Zeit eine Veränderung erfahren werden. Dies würde nur dann der Fall sein, wenn die Vereinigten Staaten bei weiterer gewaltiger Entwicklung ihrer Produktion ihr Zollschutzsystem weiter ausbauten, das tatsächlich zu einem Exportprämiensystem geworden ist. —

Daraus folgt für die deutsche Wirtschaftspolitik in Bezug auf die Eisenindustrie: Abgesehen von einzelnen, angeführten Manufakturen sind Schutzzölle nur noch gegen Länder mit Exportprämien nötig; solange Nordamerika seine Schutzzollpolitik aufrecht erhält, ist natürlich an Zollreduktionen ihm gegenüber nicht zu denken. Im übrigen kommt es für die Eisenindustrie nach der Entwicklung der letzten Jahre weniger auf Zölle, als auf Absatzbeziehungen und Produktionskosten

[1] Ebenda 1899, S. 1094.
[2] Ebenda 1897, S. 127.

an. Unbedingt verwerflich wäre ein Minimalzoll oder gar eine Zollerhöhung für Roheisen.

In ihrem gegenwärtigen Stande kann man die deutsche Eisenindustrie staatlicherseits zu unterstützen versuchen, indem man unser Schutzzollsystem noch weiter zu einem Exportprämiensystem ausbildet, wie es tatsächlich schon grofsenteils geschehen ist. Dies fördert zunächst die Produzenten, schädigt aber die Verbraucher und damit wieder indirekt die Produzenten selbst.

Oder man befördert sie durch Verminderung der Produktionskosten, was hauptsächlich geschehen kann durch Erhöhung der Lebenshaltung und damit der Leistungsfähigkeit der Arbeiter, sowie durch Verkehrserleichterungen: Frachtermäfsigungen, Eisenbahn- und Kanalbauten.

Tabelle I.

Im Jahre	Produktion und Außenhandel in Roheisen[1] (1000 Tonnen).					
	Produktion	Einfuhr[2]	Ausfuhr	Mehreinfuhr	Verarbeitetes Roheisen	Anteil der Einfuhr am Verbrauch
1873	2 241	744	154	590	2 831	26,3 %
1874	1 906	383	76	307	2 213	17,3 %
1875	2 029	438	171	267	2 296	19,0 %
1876	1 846	413	149	264	2 110	19,6 %
1877	1 933	380	219	161	2 094	18,1 %
1878	2 148	330	291	139	2 287	14,4 %
1879	2 257	367?	434?	—	—	—
1880	2 729	232	208	24	2 753	8,4 %
1881	2 914	245	245	± 0	2 914	8,4 %
1882	3 381	283	187	96	3 477	8,1 %
1883	3 470	275	258	17	3 487	7,9 %
1884	3 601	265	230	35	3 636	7,4 %
1885	3 687	216	214	2	3 689	5,8 %
1886	3 529	165	251	— 86	3 443	4,9 %
1887	4 024	157	212	— 55	3 969	3,9 %
1888	4 337	217	144	73	4 410	4,9 %
1889	4 525	338	156	182	4 607	7,3 %
1890	4 658	385	117	268	4 926	7,8 %
1891	4 641	245	111	134	4 775	5,1 %
1892	4 938	209	113	96	5 034	4,2 %
1893	4 986	219	109	110	5 096	4,3 %
1894	5 380	204	155	49	5 429	3,8 %
1895	5 465	188	135	53	5 518	3,4 %
1896	6 373	323	140	183	6 556	4,9 %
1897	6 882	423	91	332	7 214	5,9 %
1898	7 313	385	187	198	7 511	5,1 %
1899	8 143	613	182	431	8 574	7,2 %
1900	8 521	727	129	598	9 119	7,9 %
1901	7 856	268	150	118	7 974	3,3 %

[1] Die Ziffern sind der Reichsstatistik entnommen; sie weichen von den in der Begründung zum neuen Zolltarif gegebenen unerheblich ab.

[2] Bis 1878 nach der in § 2 gemäfs Sering ausgeführten Berechnung. Für 1879 ist die Berechnung unsicher, weil in den ersten 6 Monaten Durchfuhr enthalten ist.

Tabelle II.

Im Jahre	Einfuhr, Ausfuhr und Produktion von Eisenfabrikaten in 1000 Tonnen																		Im Jahre
	Halbfabrikate (Luppeneisen, Rohschienen, Ingots)			Handelseisen			Eisenbahnschienen			Platten und Bleche			Weißblech			Draht[2]			
																roh	roh	verkupfert, verzinnt u. s. w.			
	Einfuhr	Ausfuhr	Produktion	Einfuhr	Ausfuhr	Produktion	Einfuhr	Ausfuhr	Produktion	Einfuhr	Ausfuhr	Produktion	Einfuhr	Ausfuhr	Produktion	Einfuhr	Ausfuhr	Einfuhr	Ausfuhr	Produktion	
1873	—	—	—	71,0	—	—	44,6	71	572,0	25,6	5,8	91	1,0	0,2	7,9	2,8	7,3	—	—	75	1873
1874	—	—	—	28,0	—	—	8,6	84	603,0	8,8	5,5	106	2,5	0,2	7,5	1,9	8,7	—	—	88	1874
1875	—	—	—	23,0	—	—	7,0	122	470,0	6,6	6,8	117	3,8	0,1	6,8	2,2	9,6	—	—	121	1875
1876	—	—	—	15,0	49	—	0,7	133	380,0	4,6	11,3	108	3,3	0,4	6,4	2,5	14,4	—	—	132	1876
1877	—	—	—	51,0[1]	83	520	73,5[1]	225	399,0	18,0[1]	21,0	147	3,7[1]	1,4	8,5	2,5[1]	29,0	—	—	147	1877
1878	—	—	—	39,0[1]	49	594	45,0[1]	207	432,4	14,1[1]	32,0	149	4,7[1]	1,5	8,6	3,4[1]	51,0	—	—	179	1878
1879	—	—	—	36,0[1]	83	702	13,2[1]	164	369,8	10,5[1]	33,0	176	4,5[1]	1,3	9,1	3,6[1]	70,0	—	—	193	1879
1880	0,7	31	119	12,9	102	682	1,3	130	452,4	3,6	38	205	2,8	0,7	8,9	3,0	105	—	—	233	1880
1881	0,3	41	181	14,5	157	725	1,5	125	530,1	3,1	41	237	2,7	0,5	10,7	3,3	159	—	—	302	1881
1882	0,7	33	228	16,0	162	830	0,7	186	521,9	3,0	44	270	2,7	0,4	11,7	3,5	227	—	—	378	1882
1883	0,4	32	323	16,4	171	821	1,5	176	493,5	3,0	52	286	2,4	0,4	10,9	3,8	207	—	—	359	1883
1884	0,1	23	378	16,8	160	917	0,7	144	410,1	3,3	44	277	5,4	0,4	9,9	3,6	213	—	—	409	1884
1885	0,4	27	400	16,3	162	877	0,7	165	445,9	2,1	44	287	6,0	0,2	4,9	2,0	160	—	33	395	1885
1886	0,2	42	473	16,3	207	910	0,2	163	414,9	2,1	43	301	3,5	0,2	4,9	2,8	195	—	44	410	1886
1887	0,3	40	651	17,7	236	1 127	10,8	174	466,0	2,2	56	335	3,2	0,2	16,7	3,2	187	—	55	445	1887
1888	0,5	22	649	18,0	226	1 228	1,4	115	456,5	2,6	66	380	3,6	0,4	18,2	4,2	126	1,0	69	411	1888
1889	2,3	21	746	22,6	217	1 389	2,5	111	451,3	3,6	64	443	2,9	0,3	22,3	4,7	94	0,3	62	399	1889
1890	1,2	24	690	30,0	194	1 335	6,3	131	570,9	4,9	61	418	1,3	0,4	21,3	5,4	84	0,3	50	339	1890
1891	0,7	42	790	23,1	268	1 335	15,8	143	604,4	2,7	64	425	1,2	0,4	23,5	5,3	99	0,4	69	403	1891
1892	0,4	37	863	21,4	283	1 402	7,2	114	542,7	2,6	58	430	1,2	0,3	27,5	4,3	100	0,3	88	437	1892
1893	0,5	56	1 026	17,2	339	1 502	6,3	87	494,9	3,04	70	428	1,2	0,5	27,4	4,6	105	0,3	86	452	1893
1894	0,7	42	1 110	20,2	431	1 696	3,5	119	575,3	4,5	93	465	2,0	0,3	31,3	4,6	124	0,3	86	504	1894
1895	0,8	62	1 215	20,1	451	1 810	1,8	117	495,4	5,0 (verarbei-	129	540	1,4	0,3	31,2	5,1	116	0,5	90	502	1895
1896	1,1	46	1 445	23,9	438	2 220	0,14	129	582,5	6,9 tet)	135	666	10,4	0,1	34,2	5,7	114	0,7	93	549	1896
1897	1,0	40	1 313	30,5	416	2 349	0,8	113	799,1	2,7 + 4,5	138	684	11,6	0,3	31,5	4,8	107	0,8	92	513	1897
1898	1,6	35	1 511	26,2	468	2 688	0,3	124	819,1	1,8 + 3,7	158	767	10,9	0,2	35,3	6,1	96	1,0	92	476	1898
1899	1,3	23	1 586	38,1	414	3 035	1,3	110	807,7	3,2 + 5,7	157	840	23,8	0,1	34,0	7,2	92	1,4	62	512	1899
1900	2,8	34	1 605	38,6	388	2 762	0,3	156	922,0	3,7 + 5,8	175	828	18,2	0,2	30,7	7,4	94	1,3	76	458	1900
1901	1,7	202	—	23,0	672	—	0,5	181	—	2,1 + 2,5	264	—	10,0	0,2	—	6,7	154	1,2	93	—	1901

[1] Enthält auch Durchfuhr.

[2] Bis 1885 wird roher und verarbeiteter Draht in der Handelsstatistik nicht getrennt.

Tabelle III.

Im Jahre	Außenhandel und Produktion von Gußwaren in 1000 Tonnen							
	Ganz grober Eisenguß 6e 1α		Nicht abgeschliffene grobe Waren 6e 2α	Feine Gußwaren 6e 2α		Produktion von		
	Einfuhr	Ausfuhr	Einfuhr[2]	Einfuhr	Ausfuhr	Geschirrguß	Röhren	sonstigen Gußwaren
1875	22,9	68,0[1]	—	0,7[3]	1,2[3]	—	—	—
1876	23,0	81,0[1]	—	0,7	1,3	—	—	—
1877	17,2	114,0[1]	—	0,6	1,4	33	56	333
1878	14,1	121,0[1]	—	0,5	1,6	33	50	336
1879	8,7	115,5[1]	—	0,5	1,2	33	58	357
1880	4,3	10,4	3,6	0,1	6,1	37	55	423
1881	3,6	15,7	3,3	0,1	6,3	36	65	459
1882	4,0	18,6	3,2	0,1	6,5	37	70	518
1883	3,9	17,1	2,6	0,1	7,2	40	69	545
1884	6,0	18,8	2,8	0,1	7,7	44	90	564
1885	5,2	21,7	3,4	0,1	8,0	51	86	538
1886	3,9	17,2	3,0	0,1	8,3	52	107	545
1887	4,4	22,1	2,8	0,1	8,9	60	104	600
1888	5,0	24,5	3,0	0,2	9,3	61	116	661
1889	13,0	19,0	4,5	0,3	11,6	69	137	784
1890	11,6	18,2	5,4	0,3	13,2	73	142	812
1891	9,3	19,3	4,9	0,3	13,7	68	157	794
1892	7,4	18,1	4,6	0,3	13,6	64	167	781
1893	8,9	16,6	4,4	0,3	15,4	65	188	797
1894	4,2	16,2	5,0	0,5	15,9	70	190	861
1895	5,1	19,1	4,1	0,3	18,8	74	165	916
1896	6,7	18,6	7,6	0,3	20,5	89	195	1 080
1897	9,4	27,7	9,7	0,4	20,2	86	195	1 168
1898	18,2	29,6	15,1	0,5	20,2	92	212	1 278
1899	25,6	32,9	13,4	0,6	23,6	103	243	1 423
1900	21,6	31,1	17,2	0,6	24,8	—	—	—

[1] Enthält bis 1879 die Ausfuhr aller ganz grober und grober Waren.

[2] Enthält auch schmiedeeiserne Waren; bezüglich der Ausfuhr vgl. Tabelle IV.

[3] Bis 1879 ist die Einfuhr, durchgängig die Ausfuhr feiner guß- und schmiedeeiserner Waren ungeschieden.

Tabelle IV.

Im Jahre	Einfuhr und Ausfuhr grober Waren in 1000 Tonnen																				Im Jahre
	Nr. 245 Roh vorgeschmiedetes Eisen 6e 1β		Nr. 241 Ambosse, Brecheisen, Hakennägel		Nr. 242 Anker, Ketten		Nr. 246 Eisenbahnachsen und -Räder		Nr. 248 Geschmiedete Röhren 6e 1γ			Nr. 249 Grobe Eisenwaren, nicht abgeschliffen 6e 2α		Nr. 251 Drahtstifte		Nr. 253 Schrauben		Nr. 254 Abgeschliffene Waren 6e 2β	Nr. 255 Werkzeuge, Degenklingen 6e 2γ	
	Einfuhr	Ausfuhr[1]	Einfuhr[1]	Ausfuhr[1]	Einfuhr	Ausfuhr	Einfuhr[1]	Ausfuhr[1]	Einfuhr	Ausfuhr	Produktion	Einfuhr[3]	Ausfuhr[4]	Einfuhr[1]	Ausfuhr[1]	Einfuhr[5]	Ausfuhr[5]	Einfuhr[1]	Einfuhr[1]	
1875	1,1	—	—	—	1,7	0,3	—	—	8,0	2,0	(bis 1882 völlig, von da an auch sehr unzuverlässig)	13,6	68	—	—	—	—	(Ausfuhr findet sich unter 6e 2α)	(Ausfuhr findet sich unter 6e 2α)	1875
1876	0,5	—	—	—	1,5	0,3	—	—	7,4	1,6		15,1	81	—	—	—	—			1876
1877	1,3	—	—	—	3,1	0,6	—	—	4,7[2]	6,1		30,8[2]	114	—	—	—	—			1877
1878	1,1	—	—	—	1,5	0,4	—	—	5,5[2]	8,6		24,3[2]	121	—	—	—	—	—	—	1878
1879	0,4	—	—	—	1,0	0,7	—	—	4,9[2]	7,4	—	?	115,5	—	—	—	—	—	—	1879
1880	0,2	2,6	0,3	4,4	2,0	1,0	0,2	19	1,3	15,0	—	3,6	44,4	0,1	16	—	—	4,2	0,4	1880
1881	0,2	2,3	0,3	5,6	1,9	1,9	0,2	17	0,8	12,0	—	3,3	54	—	22	—	—	4,1	0,4	1881
1882	0,2	2,4	2,3	6,2	1,0	0,7	0,2	12	0,7	17,0	—	3,2	60	—	24	—	—	4,1	0,4	1882
1883	0,3	2,1	0,4	5,1	1,5	0,6	0,5	13	0,7	20,0	20,0	2,6	61	—	28	—	—	4,6	0,5	1883
1884	0,2	1,9	0,4	4,5	1,3	0,6	0,4	10	0,9	19,0	11,0	2,8	67	—	39	—	—	4,2	0,4	1884
1885	0,1	1,5	0,4	3,3	0,9	0,5	0,5	8,6	0,8	17,0	12,0	3,4	57	0,1	39	—	1,6	3,9	0,5	1885
1886	0,1	0,7	0,4	3,8	0,9	0,5	0,4	13	1,1	18,0	14,0	3,0	100	0,1	40	—	1,9	3,7	0,4	1886
1887	0,1	1,4	0,5	3,9	1,0	0,7	0,3	20	0,9	23,0	18,0	2,8	110	—	41	0,1	1,7	4,0	0,4	1887
1888	0,1	1,2	0,4	2,9	1,3	0,4	0,7	21	1,2	23,0	20,0	3,0	81	0,1	49	0,2	1,9	4,1	0,5	1888
1889	0,2	1,5	0,3	2,6	1,9	0,8	1,3	26	1,1	21,0	15,0	4,5	70	0,1	46	0,5	1,5	4,5	0,5	1889
1890	0,2	1,4	0,3	2,8	1,6	0,5	4,4	29	1,0	19,0	23,0	5,4	78	—	41	0,5	1,5	4,9	0,5	1890
1891	0,3	1,3	0,3	2,7	1,6	0,4	2,7	34	0,8	23,0	24,0	4,9	88	—	50	0,4	1,5	4,4	0,5	1891
1892	0,2	1,2	0,2	2,3	1,5	0,5	1,3	27	1,5	21,0	25,0	4,6	87	—	50	0,3	1,7	4,4	0,4	1892
1893	0,1	1,2	0,2	2,9	1,3	0,6	1,0	30	1,5	26,0	32,0	4,4	97	—	55	0,3	2,1	3,9	0,5	1893
1894	0,1	1,9	0,3	3,2	1,4	0,6	0,5	24	2,0	29,0	32,0	5,0	104	0,1	56	0,3	2,1	4,2	0,5	1894
1895	0,1	2,0	0,3	2,9	1,4	0,7	1,5	26	2,9	33,0	45,0	4,1	116	—	54	0,3	2,7	4,0	0,5	1895
1896	0,1	2,4	0,3	3,6	3,2	0,8	2,0	24	6,3	29,0	52,0	7,6	135	—	58	0,3	2,5	4,7	0,6	1896
1897	0,2	2,2	0,5	3,3	3,2	0,7	2,6	30	10,5	30,0	49,0	9,7	142	0,1	54	0,3	2,2	4,9	0,7	1897
1898	0,2	2,7	0,6	3,2	2,5	0,7	3,4	32	12,8	30,0	63,0	15,1	163	—	47	0,3	2,6	5,2	0,8	1898
1899	0,3	1,9	0,9	3,3	2,7	0,7	3,0	41	22,2	32,0	93,0	13,4	173	0,1	52	0,6	2,3	5,9	0,9	1899
1900	0,2	3,0	1,1	3,8	1,9	1,1	2,1	47	20,3	40,0	77,3	17,2	166	0,1	47	0,6	2,5	5,5	1,0	1900

[1] Bis 1879 unter 6e 2α enthalten. [2] Enthält auch Durchfuhr. [3] Enthält bis 1879 alle groben Eisenwaren, außer den ganz groben Gußwaren. [4] Enthält bis 1879 alle groben und ganz groben Waren, von da an die Pos. 6e 2α ganz. [5] Erst seit 1885 bezw. 1887 getrennt nachgewiesen.

Preise einiger Eisenfabrikate und -Waren in Mark pro Tonne. **Tabelle V.**
(Bei Weißblech pro Kiste.)

Anfang Januar	Stabeisen			Träger		Kesselbleche		Walz- Draht	Gezogener Draht	Weißblech (pro Kiste)	Stahlschienen		Öfen gußeiserne ordinäre		Öfen Regulier-	Töpfe roh	Töpfe emailliert	Maschinenguß leichter	Maschinenguß schwerer	Querschwellen
	Rheinland	Schlesien	Harz	Schlesien	Saar	Rheinland	Schlesien	Rheinl.-Westf.	Rheinl.-Westf.	Westf.	Westf.	Schles.	Pfalz	Schles.	Harz	Mitteldeutschland	Mitteldeutschland	Mitteldeutschland	Mitteldeutschland	Westf.
1880	140	160	145	145	127	205	203	145	170	27	177	178	210	230	240	230	380	220	215	145
1882	135	122	124	152	141	215	195	160	180	30	157	168	145	215	240	230	380	220	210	140
1884	118	115	112	140	125	178	180	120	140	27	143	153	165	190	240	230	360	210	200	130
1885	110	110	107	135	115	160	—	117	135	24	140	145	160	185	240	230	360	200	170	130
1886	102	100	103	120	95	143	155	110	130	22	137	139	150	175	240	180	320	170	150	115
1887	100	95	100	110	90	144	148	107	117	20	112	114	150	170	200	180	320	170	150	120
1888	122	115	113	130	110	155	160	110	126	22	120	145	180	170	200	180	330	180	150	120
1889	127	180	113	130	110	170	160	108	128	19	120	122	190	155	200	190	340	200	160	130
1890	187	180	183	180	150	260	205	180	190	25	165	160	245	195	240	200	385	240	170	153
1892	125	120	120	117	95	165	140	115	130	21	120	118	180	164	196	210	330	170	170	115
1894	95	105	101	95	86	120	120	93	107	18	110	111	165	155	184	227	344	190	170	100
1895	100	100	96	95	83	124	105	92	105	16	108	108	165	155	189	251	370	191	160	100
1896	108	108	110	102	85	125	118	105	118	15	110	108	169	160	193	260	363	196	170	100
1897	129	126	130	123	99	138	142	122	127	15	110	109	178	170	199	270	380	210	180	101
1898	123	128	120	122	105	138	148	123	128	14	118	109	184	175	201	265	380	225	190	101
1899	138	128	130	128	105	143	160	125	138	15	125	120	184	173	201	265	380	225	195	101
1900	215	165	180	145	117	212	200	185	195	20,5	155	130	206	195	222	310	425	260	210	110

Nach den Preisnotierungen in „Stahl und Eisen“, sowie des „Statistischen Bureaus des Vereins deutscher Stahl- und Eisenindustrieller, Dr. Rentzsch, Dresden“.

Tabelle VI.

Im Jahre	Einfuhr und Ausfuhr feiner Waren in Tonnen												
	aus Gußeisen	aus Schmiede-eisen	feine Waren überhaupt	Nadeln		Gewehre Jagd-		Gewehre Kriegs-		Uhren (unedele)		Stahlfedern	
	Einfuhr	Einfuhr	Ausfuhr	Einfuhr	Ausfuhr	Einfuhr	Ausfuhr	Einfuhr	Ausfuhr	Einfuhr	Ausfuhr	Einfuhr	Ausfuhr
1875	—	687[1]	1 272[2]	14	200	—[3]	—	1678	433	54	73	82	10
1876	—	678	1 328	13	221	—	—	604	2428	52	88	81	12
1877	—	608	1 400	6	206	—	—	117	553	50	86	83	17
1878	—	502	1 590	5	242	—	—	84	398	42	58	80	6
1879	—	523	1 230	9	218	—	—	55	195	44	80	87	16
1880	87	530	6 056	7	725	—	—	46	544	53	93	95	19
1881	115	585	6 291	6	674	—	—	40	182	56	27	91	22
1882	129	633	6 482	10	689	—	—	40	544	59	91	95	22
1883	105	698	7 207	9	599	—	—	42	486	62	183	95	22
1884	123	749	7 671	8	545	—	—	41	611	52	147	102	18
1885	117	701	8 053	7	641	38	92	4	149	58	138	107	17
1886	109	790	8 311	10	655	33	72	1	15	46	168	99	16
1887	135	913	8 944	5	658	31	79	2	38	41	226	112	15
1888	180	982	9 258	7	720	79	98	3	166	48	260	111	17
1889	258	1005	11 572	9	701	134	94	9	432	43	252	119	30
1890	301	1165	13 186	10	965	145	119	1095	583	34	244	122	28
1891	320	1169	13 736	10	1011	164	166	271	249	34	293	125	27
1892	348	1143	13 569	10	828	154	170	7	914	40	308	130	33
1893	322	1201	15 427	8	967	139	98	2	1386	41	343	124	34
1894	310	1255	15 874	9	891	150	94	1	605	41	405	129	33
1895	294	1324	18 801	9	803	147	95	2	1957	36	475	129	38
1896	342	1679	20 489	8	1222	130	93	3	2013	41	533	136	38
1897	406	1666	20 250	14	1042	123	90	7	265	44	571	143	34
1898	490	1468	20 197	10	861	143	88	2	355	35	574	134	31
1899	635	1594	23 596	11	1048	165	92	23	710	46	569	123	36
1900	648	1666	24 821	11	1159	168	122	1	622	38	682	114	39

[1] Die Einfuhr feiner Waren ist bis 1879 nicht geschieden, in Spalte 2 angegeben. [2] Die Ausfuhr feiner Waren wird überhaupt nicht geschieden. [3] Die Handelsstatistik unterscheidet bis 1884 Jagd- und Kriegsgewehre nicht.

Tabelle VII. Gesamtbedarf an Roheisen für inneren Konsum und Ausfuhr 1873—1901 in 1000 Tonnen[1].

Jahr	1. Einfuhr von			2.	3.
	a) Roheisen und altem Brucheisen	b) Eisenfabrikation im Verhältnis 100 : 133⅓, auf Roheisen reduziert	c) Summe der Einfuhr, auf Roheisen reduziert	Hochofen-Produktion	Gesamtbedarf an Roheisen (Summe von 1 c und 2)
1873	743	392	1135	2241	3376
1874	549	222	771	1906	2677
1875	625	174	798	2029	2827
1876	584	132	715	1846	2561
1877	541	345	886	1933	2879
1878	485	274	759	2148	2907
1879	388	188	577	2227	2804
1880	239	86	325	2729	3054
1881	250	88	338	2914	3252
1882	292	97	388	3381	3769
1883	284	100	384	3470	3854
1884	272	113	385	3601	3986
1885	223	117	340	3687	4027
1886	170	97	267	3529	3796
1887	164	119	283	4024	4307
1888	225	121	346	4337	4683
1889	353	155	508	4525	5033
1890	406	191	597	4658	5255
1891	251	162	413	4641	5054
1892	216	134	350	4937	5287
1893	227	135	361	4986	5347
1894	212	135	347	5380	5727
1895	200	140	340	5465	5805
1896	337	190	528	6373	6901
1897	462	139	601	6881	7482
1898	408	171	579	7313	7892
1899	676	219	895	8143	9038
1900	827	209	1036	8521	9557
1901	293	144	437	7856	8293

[1] Die Tabellen VII und IX führen die von Sering in der Geschichte der preufsisch-deutschen Eisenzölle a. a. O. S. 294—297 gegebene Übersicht fort. Ebendort läfst sich die Entwicklung bis 1834 zurückverfolgen.

Tabelle VIII. **Beschäftigte in der Eisen-**

Zahl der in den Hauptbetrieben

Gruppe	1875 Beschäftigte	1875 wovon im Grofsbetrieb	1882 Beschäftigte	1882 wovon im Grofsbetrieb
Eisenerzgruben	25 284	24 314	30 012	29 823
Hüttenbetrieb, Frisch- und Streckwerke	112 075	110 819	109 134	106 518
Eisengiefserei und Emaillierwerke	34 336	33 964	45 447	43 692
Schwarz- und Weifsblech	2 600	2 508	3 011	2 907
Klempner	37 762	—	37 364	2 470
Sonstige Blechwaren		8 738	10 130	8 804
Nägel, Schrauben, Stifte, Ketten[1]	22 188	7 105	23 759	11 825
Huf- und Grobschmiede	134 554	3 842	140 155	2 556
Schlosserei, Geldschränke	70 052	17 417	66 630	12 430
Zeug-, Sensen-, Messerschmiede		—		—
und -Schleifer[1], Feilenhauer[1],	42 675	15 960	56 513	—
Kurzwaren		—		21 579
Stahlfedern		—	353	347
Näh- und Stecknadeln	3 978	3 927	3 459	3 335
Nadler- und Drahtwaren	5 721	3 140	7 557	4 870
Sa. Eisenwaren	316 931	60 129	345 907	68 124
Maschinen, Werkzeuge, Apparate	154 122	142 499	170 798	153 723
Wagenbau	95 002	24 343	93 658	19 711
Schiffsbau	11 094	9 163	24 362	20 530
Geschützgiefsereien	5 516	—	693	693
Büchsenmacher		2 746	6 647	3 316
Uhrmacher	23 099	3 427	26 517	5 108
Musikinstrumente	15 904	9 406	21 807	13 490
Wissenschaftliche Instrumente und Apparate	13 185	5 978	13 636	7 484
Lampen	3 535	3 359	4 687	4 285
Fahrräder	—	—	—	—
Elektrische Ind.	—	—	—	—
Sa. Maschinen, Instrumente	321 447	200 891	365 120	228 524
Gesamtsumme (aufser Erzgruben)	787 389	408 311	928 619	459 765

[1] Die 1895 unter Nägelindustrie u. s. w. eingereihten Drahtzieher sind zum Zwecke besserer Vergleichung auch 1895, wie 1875 und 1882 unter Nr. 2) „Hüttenbetrieb" aufgeführt.

und Maschinen-Industrie. **Tabelle VIII.**
beschäftigten Personen.

1895 Beschäftigte	1895 wovon im Grofsbetrieb	Zunahme 1875/1882	Zunahme 1875/1895	Die Zahl der Beschäftigten 1875 gleich 100 gesetzt: 1882	1895	
20 670	20 559	4 728	— 4 614	119	82	1
122 325	122 111	— 2 941	10 250	97	109	2
84 977	84 271	11 111	50 641	132	248	3
6 461	6 450	411	3 861	116	248	4
49 953	10 512	9 732 (5–6)	43 429 (5–6)	126 (5–6)	215 (5–6)	5
31 347	22 533					6
21 773	16 071	1 571	— 415	107	98	7
142 351	8 070	5 600	7 796	104	105	8
104 905	53 911	— 3 422	34 853	95	148	9
64 931	— — 37 548	13 838 (10–11)	23 000 (10–11)	133 (10–11)	154 (10–11)	10
744	742					11
4 135	4 093	— 519	157	87	104	12
9 031	7 241	1 836	3 310	132	158	13
433 269	171 935	28 976	116 338	109	137	Sa. 5—13
273 935	263 033	16 676	119 813	111	178	14
128 515	57 712	— 1 344	33 513	98	135	15
35 336	33 977	13 268	24 242	219	319	16
9 340	9 340	1 834 (17–18)	16 388 (17–18)	133 (17–18)	395 (17–18)	17
12 564	10 396					18
33 388	9 443	3 418	10 289	115	145	19
29 272	21 098	5 903	13 368	137	184	20
26 582	17 064	451	13 397	103	202	21
10 233	10 080	1 152	6 698	133	289	22
7 186	6 935	—	7 186	—	—	23
26 321	24 776	—	26 321	—	—	24
582 672	453 754	43 673	261 225	114	181	Sa. 14—24
1 229 704	838 321	141 230	442 315	118	156	Sa. 2—24

Tabelle IX. Verbrauch an Roheisen für den inneren Bedarf 1873—1901 in 1000 Tonnen.

Im Jahre	1. Gesamtbedarf an Roheisen	2. Ausfuhr a) Roheisen und altes Brucheisen	b) Eisenfabrikate, auf Roheisen reduziert, 1873—1879 im Verhältn. 100:140, 1879—1900 im Verhältn. 100:133⅓	c) Summe der Ausfuhr, auf Roheisen reduziert	3. Roheisenverbrauch für den inneren Bedarf (Differenz von 1 und 2 c)
1873	3376	153	268	421	2954
1874	2677	222	341	563	2114
1875	2827	339	432	771	2057
1876	2561	306	500	806	1755
1877	2819	365	782	1148	1671
1878	2907	416	884	1300	1607
1879	2804	433	850	1283	1520
1880	3054	319	983	1302	1753
1881	3252	313	1183	1496	1756
1882	3769	279	1163	1442	2328
1883	3854	319	1219	1538	2316
1884	3986	274	1156	1430	2556
1885	4027	250	1177	1427	2600
1886	3796	345	1250	1595	2200
1887	4307	273	1321	1594	2713
1888	4683	195	1258	1453	3231
1889	5033	190	1300	1490	3543
1890	5255	182	1152	1343	3921
1891	5054	213	1393	1605	3449
1892	5287	178	1397	1574	3713
1893	5347	172	1517	1688	3659
1894	5727	232	1747	1979	3748
1895	5805	220	1842	2064	3741
1896	6901	193	1979	2172	4278
1897	7482	129	1684	1813	5535
1898	7892	272	1805	2082	5659
1899	9038	235	1700	1935	6934
1900	9557	191	1811	2002	7555
1901	8293	304	2724	3028	5265

Kolibri 360 GmbH
Ferdinand-Jühlke-Straße 7
99095 Erfurt, Deutschland
produktsicherheit@kolibri360.de

Druck:
CPI Druckdienstleistungen GmbH
im Auftrag der
Kolibri 360 GmbH
Ferdinand-Jühlke-Str. 7
99095 Erfurt